高校体育文化理论与实践研究

雷东涛 ◎ 著

吉林出版集团股份有限公司
全国百佳图书出版单位

图书在版编目（CIP）数据

高校体育文化理论与实践研究 / 雷东涛著. -- 长春：吉林出版集团股份有限公司，2022.6
ISBN 978-7-5731-0861-6

Ⅰ.①高… Ⅱ.①雷… Ⅲ.①高等学校－体育文化－研究 Ⅳ.①G807.4

中国版本图书馆CIP数据核字（2021）第244257号

GAOXIAO TIYU WENHUA LILUN YU SHIJIAN YANJIU

高校体育文化理论与实践研究

著　　者	雷东涛
责任编辑	田　璐
装帧设计	新源教育
出　　版	吉林出版集团股份有限公司
发　　行	吉林出版集团青少年书刊发行有限公司
地　　址	长春市福祉大路5788号（130118）
电　　话	0431-81629808
印　　刷	大广回族自治县祁各庄乡冯兰庄兴源印刷厂
版　　次	2022年6月第1版
印　　次	2022年6月第1次印刷
字　　数	216千字
开　　本	787mm×1092mm　1/16
印　　张	9.25
书　　号	ISBN 978-7-5731-0861-6
定　　价	58.00元

版权所有·翻印必究

前　言

　　文化既是一种社会现象，又是一种历史现象，体现出十分复杂的特征。体育文化作为文化的一种，也具有传承性与时代性。体育教育是高等教育的重要组成部分，是培养德、智、体、美全面发展人才必不可少的重要内容。体育文化作为以人的身心健康和全面发展为目的的身体运动及其相关文化体系，其目的与教育的目的有不谋而合的相似点。近年来，随着高等教育的不断发展，人们重新审视了学校课外体育活动和体育竞赛的作用和价值，期盼着丰富多彩的体育文化能走进校园，强烈呼唤变革和创新传统单一的校运会模式。在这种形势下，体育教学的内容和形式更加贴近时代的潮流和在校学生的需求，体育的内容和形式都有了很大的变化，很多兼具健身性和娱乐性的体育课程已经进入高校体育教学中，并受到了大学生的欢迎。各种形式的教学形式在高校体育教学中蓬勃发展，呈现出了良好的势头，促进了体育教学，丰富了高校体育文化形式，提高了高校学生参与体育文化活动的热情，培养了学生的终身体育文化意识。

　　高等院校是培养高素质人才的摇篮，肩负着全面提高国民综合素质的重要任务。高等院校对学生的培养必须注重综合素质的全面提高。健康的体魄、全面的健身知识是新时期普通大学生必须具备的，但是大学体育的学时有限，这需要学校通过加强校园体育文化建设来弥补体育课堂教学的不足。校园体育文化教育一直是校园文化建设中重要的话题，本书从体育文化概述、高校体育文化、我国大学体育文化演变分析、高校体育文化的交流与传播、高校体育文化建设、体育文化遗产的传承与保护、高校体育文化实践研究等几个部分，引用各种案例，运用文献资料、数据调查、逻辑推理的方法，以体育文化理论为出发点，对高校校园体育文化的模式、历史演变、传播交流以及传承与保护，尤其对体育运动的人文价值等诸多问题进行了讨论和分析，并根据发展的趋向，运用国内外经典案例提出新时期高校校园体育文化建设的方向。

目 录

第一章 体育文化概述 ... 1
- 第一节 文化与体育文化 ... 1
- 第二节 传统体育的起源与发展 ... 8
- 第三节 体育文化模式初探研究 ... 14

第二章 高校体育文化 ... 29
- 第一节 校园体育文化的理论概括 ... 29
- 第二节 高校校园体育文化的理论概括 ... 43
- 第三节 高校体育文化的结构与内容 ... 54

第三章 我国大学体育文化演变分析 ... 63
- 第一节 研究分析框架 ... 63
- 第二节 各时期体育文化要素特征分析 ... 67

第四章 高校体育文化的交流与传播 ... 84
- 第一节 高校体育文化传播途径 ... 84
- 第二节 高校体育文化传播中存在的问题 ... 93
- 第三节 高校体育与全民健身运动的冲突 ... 96

第五章 高校体育文化建设 ... 101
- 第一节 高校体育文化精神建设 ... 101
- 第二节 高校体育文化物质建设 ... 107
- 第三节 高校体育文化制度建设 ... 112

第六章 体育文化遗产的传承与保护 ... 119
- 第一节 文化遗传与体育文化遗产释义 ... 119
- 第二节 中国体育文化遗产的现状及发展趋势 ... 120
- 第三节 中国体育文化遗产传承与保护的策略 ... 123

  第四节 高校体育文化与体育文化遗产的传承与保护 127

第七章 高校体育文化实践研究 133

  第一节 高校课外体育俱乐部与校园文化建设探究实践 133

  第二节 高校体育文化与校园文化的互动关系 135

  第三节 基于体育文化视角的高校体育课程考试改革 138

参考文献 141

第一章 体育文化概述

毛主席曾说过"身体是革命的本钱"。现代社会各方面都在不断进步,对人才的要求也越来越高,竞争可以说无处不在,而且越趋强烈。一个人要想在当今这个社会更好地生存下去,首先得有一个强健的体魄。尤其对于大学生而言,身体就是他们竞争的本钱,因此一个强健的体魄使他们能在不同的社会生活环境、自然环境(特别是艰苦的环境)中独立地生存下去,这对其自身的生存和发展是非常重要的。

第一节 文化与体育文化

一、文化的概念

"文化"的德文为 Kuctur,英文为 Culture,两者都源于拉丁文字 Culture,意思是耕作、培养、教育、发展等。其含义逐步演化为个人素养,整个社会的知识、思想方面的素养,艺术、文学作品的汇集,进而引申为泛指一定社会的全部社会生活内容等。

英国文化人类学家泰勒在其著作《原始文化》一书中对文化的表述可能是目前最具权威的一个文化概念,他认为:"文化或文明就其广泛的人种学而言,是一个复杂的整体,包括知识、信仰、艺术、道德、法律、风俗及作为社会成员的人所获得的才能与习惯。"

"文化"在中国出现较早,《周易》中有"观乎人文,以化成天下",汉代刘向在《说苑》中指出"凡武之兴,为不服也;文化不改,然后加诛",晋朝束皙在《补亡诗》中说"文化内辑,武功外悠"等,文化在这里指的都是"文治教化"的意思,与今天意义上的文化不完全相同。最早在现代意义上界定文化的是梁启超,他于1912年12月发表在《灯学》上的《什么是文化》一文中指出:"文化者,人类心能所开释出来之有价值的共业也。"

"文化"一词,历来有许多不同的定义,对其众说纷纭,足见这一概念有一定的模糊性。从辩证的观点出发,"文化"有广义和狭义之理解,对"文化"的广义理解是指人类社会历史实践过程中新创造的物质财富和精神财富的总和。而狭义的方面是指社会意识形态以及与之相适应的制度和组织机构。故文化是一种历史现象,每一社会都有与其相适应的文化，是一定社会的政治和经济的反映。具体地讲，文化是人类创造的产物，是社会实践的结晶，是构成社会诸种现象和事物的复合体。它除了以教育、科学、艺术等为组成部分外，还包括人们物质生活关系中的饮食文化、服饰文化和体育文化等。

把体育作为一种文化现象来加以认识，便产生了综合全部体育活动的概念——体育文化，体育文化必将成为21世纪与传统的其他文化相融的文化领域的主题。"体育文化"一词，最初直译为"身体文化"。"身体文化"一词被广泛地加以解释和使用。如，法国阿莫罗斯体操派认为身体文化可以直接理解为锻炼身体的规律；法国演员德尔萨特创编的身体演练形式，以"德尔萨特身体文化"之名在美国妇女中风行一时，这种以动作和姿态来表示情感的健身活动，有力地促进了现代舞和艺术体操的诞生。20世纪，对身体文化这一概念的解释和使用更为多样化。有人认为身体文化就是身体锻炼；有人认为身体文化是旨在促进健康和增加体力的身体运动体系，是与自然的运动形式相对应的人为的体育形式；也有人认为身体运动不仅要用科学来解释，它还可以显示出生命的旋律和美，是文化的表现体。第二次世界大战后，很多国家都把"身体文化"作为关于体育的广义概念来使用，认为它是整个文化的组成部分。

体育文化虽由社会的政治经济所决定，然而它一经产生，就具有相对独立性，就有其自身的发展规律。作为一种文化形态的体育具有继承性，因而具有自己相对独立的历史。这就要求我们在对体育进行整体认识时，必须追溯它的历史发展过程，揭示体育与其他文化现象的内在联系，抓住主要环节，寻找它的特殊规律。

通过对文化概念的研究和理解，通常将文化分为广义文化和狭义文化。

（一）广义文化

广义文化是指人类作用于自然界和社会的成果的总和，包括一切物质财富和精神财富，着眼于人类社会与自然界的本质区别，涵盖面非常广泛，所以又被称为"大文化"。一般来说，文化哲学、文化人类学等学科的研究工作者多认同这种看法。梁漱溟在《中国文化要义》中指出："文化，就是吾人生活所依靠之一切。文化之本义，应在经济、政治，乃至一切无所不包。"

关于文化的结构，有诸多学说。其中包括物质文化与精神文化两分说；物质、精神两层次说；物态、制度、行为、心态四层次说；物质、社会关系、精神、艺术、语言符号、风俗习惯六大子系统说等。下面以四层次说为例阐述文化的概念。

1.物态文化。物态文化由物化的知识力量构成，是人的物质生产活动及其产品的总和，是可感知的、具有物质实体的文化事物，构成整个文化创造的基础。物态文化以满足人类最基本的生存需要——衣、食、住、行为目标，直接反映人与自然的关系，反映人类对自然界认识、把握、利用、改造的深入程度，从而反映社会生产力的发展水平。

2.制度文化。制度文化由人类在社会实践中建立的各种社会规范构成，包括社会经济制度、婚姻制度、家族制度、政治法律制度，家族、民族、国家，经济、政治、宗教社团，教育、科技、艺术组织等。人的物质生产活动是一种社会活动，只有构成一定的社会生产关系才能进行。人类与动物最大的不同之处在于，他们在创造物质财富的同时，又创造了一个属于他们自己、服务于他们自己同时又约束他们自己的社会环境，创造出一系列的处理人与人相互关系的准则，并将它们规范成社会经济制度、婚姻制度、家族制度、政治法律制度，家族、民族、国家，经济、政治、宗教社团，教育、科技、艺术组织等。这一部分成果虽然不直接与自然界发生关系，然而它们的特质、发展水平归根结底是由人与自然进行物质交换的一定方式所决定的。

3.行为文化。行为文化以民风民俗、风俗习惯的形态出现，见之于人们日常起居动作之中，是最具有鲜明的民族、地域特色的行为模式。由人类在社会实践，尤其是在人际交往中约定俗成的习惯性定式构成。它是一种社会的、集体的行为，不是个人的随心所欲。

4.心态文化。心态文化由人类社会实践和意识活动中经过长期孕育而形成的价值观念、审美情趣、思维方式等构成，是文化的核心部分，同时更是文化的精华部分。

（二）狭义文化

狭义文化指意识形态所创造的精神财富，包括宗教、信仰、风俗习惯、道德情操、学术思想、文学艺术、科学技术、各种制度等。狭义文化排除人类活动中关于物质创造活动及其结果的部分，专注于精神创造活动及其结果，因此又被称作"小文化"。作为意识形态的产品，狭义文化是对社会的政治和经济的反映，又反作用于一定社会的政治和经济。不同的社会形态都有着各自适应的文化，每一种文化都会随着社会物质生产的变化而发展，不断丰富。

对广义文化与狭义文化的概念界定，一般由研究者的学科、课题、内容而定。但无论如何取舍，狭义文化在逻辑上都从属于广义文化，与广义文化不可分割。对人类精神创造的研究，我们绝不能忽视物质创造活动的基础意义及其产生的决定性作用；对心态文化的研究，也绝不能忽视物态文化、制度文化、行为文化的影响及作用。总而言之，任何对狭义文化与广义文化进行割裂的做法都是有失偏颇的。

二、体育文化的含义

（一）与体育文化有关的几个概念

1. 体育文化丛。体育文化丛是指在一定时空中产生和发展起来的一组功能上相互整合的体育文化特质。

丛体，是一个研究体育文化特质的单位，例如，武术文化作为传统体育文化的一个特定内容在其历史发展中受到文化的辐射，从单纯军事需要的实用性的局限中解脱出来，既保留着攻防技击的精髓，又发展了健身和审美的方面，建立起完善的武术文化丛体。体育文化丛是各种文化特质持续发展、相互整合的结果，从而共同形成了文化特质交错的体系。

2. 体育文化冲突。随着社会的发展，逐步形成了不同类型、不同模式的体育文化。这些体育文化之间的价值观念参差有别，甚至有冲突，这就是所谓的体育文化冲突。体育文化冲突是体育文化交流中常见的现象。引起体育文化冲突的原因有很多，主要包括以下两个方面。

（1）不可超越的时代特征。体育运动是社会文化主体的部分，必然地与时代文化合拍。我们可以恢复奥林匹克运动，然而古奥运会的意义和现代奥林匹克运动有别；一百年间的现代奥林匹克运动，也因不同的时段而给人们不同的感觉。体育文化冲突中的时代性典型地反映了体育运动的社会性特征。

（2）文化区域上的差异。体育运动发生的源头是以民族区域为基点的，体育文化先于体育交流而存在。身体活动方式尽管有其体质学意义上的共同性和一致性，然而组成各种运动的思路和情趣则蕴藉着民族区域的文化观念。

3. 体育文化交流。体育文化交流构成了世界体育演进的历程，在交往的进程中，触发了一系列体育文化观念的比较、冲突和变迁，为此而推动了世界体育总体发展的步伐。体育文化交流抗拒了本民族的某些保守性。体育文化交流成为进步的表征，这是体育文化动力精神力量的驱使。因此，体育文化交流的含义包括以下几个部分。

（1）体育文化的共享性。体育运动建立在简洁明了的游戏规则基础上，这种游戏规则作为文化符号，具备了广泛交流的前提，为此，不同语言、不同肤色的民族运动员可以同场竞技而无障碍。

（2）体育运动区别于其他社会文化方式或形态，其本身就是以交流存在的。体育运动的竞技性决定了它的"开放性"主流趋势。这种竞技性不仅仅局限于体能上、技艺上和以胜负得分的竞争中，并且从价值观念、组织制度、竞赛规则，甚至与体育运动有关的依附于体育运动而存在的器物等诸多方面，充分体现了以交流而涵盖的体育文化。

（3）体育文化交流体现出文化关系。具体表现为融合、冲突、干涉、影响且是双向互动的。中国人接受以西方体育为代表的奥林匹克运动和武术冲出亚洲走向世界的过程，都表明了体育文化交流中的文化关系。

（4）体育交流具有文化载体的作用。体育文化交流从来就不是单纯的体育文化行为，政治、经济、社会文化的多重意义附加在体育文化交流中，进而作为文化载体。

（二）体育文化的基本含义

体育文化与体育不是同一个概念，前者是结构性的而后者是动力性的。体育文化同一般文化概念也不是一个概念，由于在体育文化中，结构不仅是行动的中介工具，也是行动本身；不是对竞争和进取的制约，而是竞争和进取的条件和保证。换句话说，体育文化不是要束缚、压制人类狂野强悍的原始生命力，而是要把它纳入互相促进而不是相互破坏的轨道。也就是说，体育文化精神的根本在于使人类的理性结构成为感性力量借以进行的最有利的方式。

体育文化之所以有价值和值得发扬，就在于它有助于形成进取性道德和竞争心态，有助于克服懦怯、乖巧、卑劣等缺乏竞争能力者的心态，从而纠正我国传统文化心理结构的倾斜不平衡状态，对于改善我们个人的和民族的精神素质和身体素质，增强我们民族的生命力，起到它自己的作用。这个作用，对于社会进步，对于当前正在进行的改革和现代化，也是一种推动。体育文化具有如下几个性质。

1. 体育文化的人类性。体育文化的人类性指一个民族的体育文化中所具有的普遍性的品格能够被世界其他民族理解或吸收，其动因是人类具有超越民族界限的共同的同一需求和理想。体育文化是一个民族的体育文化中最能代表它的精神风貌、最有生命力的要素，具有世界性的价值和意义，如中华民族古老的养生文化具有追求生命质量的人类共性，这是人类体育文化的一部分，有着超越地域、语言、民族、国家界限的力量。

2. 体育文化的民族性。人类文化既有共性也有个性，这种人类文化的差异性，就是民族性的表现。各个不同地域的人类，创造了不同类型、不同形态的文化，又塑造了具有不同文化特征的群体。任何形式的民族文化，都与本民族的形成、延续和发展密切相关，都与本民族的地理环境、风土人情、经济条件、生产水平乃至社会结构相适应。

同文化的产生一样，任何一个民族的体育文化也都是在相对固定的地域内逐步发展成为全民族共同的文化现象的。因此，从这个意义上来讲，任何体育文化都是民族的，超民族的体育文化是没有的。然而，一个民族的体育文化生长到一定程度便要膨胀，必然会突破旧有的躯壳向外部扩散，同其他民族的体育文化接触，或者被动地受到来自外部的影响。

体育文化民族性的核心内容是民族的语言、心理、性格以及在此基础上形成的体育文化模式。不同的语言、心理、性格导致生活方式和体育文化的差异，这些差异又内化于民族的心理和性格等因素中，同化了体育文化的民族性，使之难以动摇。

3. **体育文化的时代性。**文化也具有特定的性质、特定的内容和特定的形态，表现出鲜明的时代性。不同时代具有不同的体育价值观念，我们不能用一个绝对的标准来衡量不同时代的体育文化。对于体育文化的评价必须站在历史的角度审视，既要看到其进步性，又要看到其时代的局限性。

体育文化的时代内容与形式使体育文化发展呈现出不同的阶段。同时，任何一种体育文化都既具有时代性，又具有民族性，二者之间是一般与特殊的关系。通常表现为不同民族的文化在同一时代具有相同的时代特点，同一时代同一民族有相同心理的文化；特殊表现为不同民族的文化即使在同一时代但各具民族特点，同一时代同一民族又有不同阶级、不同党派的不同心理的几种文化。由此可见，文化的民族性就包含在时代性之中，文化的时代性就包含在民族性之中，这是同一内容的两种不同性质。

4. **体育文化的继承性。**体育文化的继承性是指体育文化经过不同时代仍然保留原有某些特质的属性。任何文化都是人类的创造物，由于人类意识的历史积累性和文化传播特性，体育文化具有通过语言、文字、图像等媒介在人们的意识领域和社会价值体系中传承的特性。当然，体育文化由于以身体动作为基本形式，因此身体是其主要传承形式，然而依附于体育文化之上的独有语言和文字也具有强大的传承功能。

发展到现代社会，体育赛事越来越多，通过这种大型体育比赛的形式可以更好地传承体育文化，其中有关体育的谚语、歌曲、雕塑、电影、邮票等实物也是使得体育文化传承的不容忽视的主要形式。

5. **体育文化的变异性。**体育文化的变异性是指体育文化在形成与发展的过程中发生内容、结构甚至模式变化的属性。历史的发展并非是一成不变的，它必须在历史流程中不断吸取外部世界和其他体育文化的先进和积极因素，对自身进行调试，才能得到进一步的发展。传播与交流是文化发展的动力之一，没有传播和交流的文化就难有变化，没有变化的文化会死水一潭，直到死亡。当然，体育文化的变异并非总是积极的，或全部是积极的。历史发展的曲折性就表现为体育文化发展的方向是进步的，然而在前进过程中会有挫折。中国文化自殷商以来，代代相承，虽多有曲折，却从未中断，中国的体育文化也是如此。但是，中国体育文化也经历过几次明显的变异，先秦崇尚"武勇"的体育文化到汉代变成了"废力尚德"的体育文化，汉代和唐代激烈的蹴鞠文化到宋代成为单球门的游戏。这些变异都体现了体育文化的属性。

三、体育文化的价值

我国现代体育教育和世界教育发展潮流是一致的。一百多年来，我国不但极大地丰富了体育文化，提高了体育在社会中的地位和价值，而且使体育在促进人的"全面发展""协调发展""完善发展"中起到了重要作用。

（一）奥林匹克运动文化的价值

"更快、更高、更强——更团结"（2021年7月20日，国际奥委会正式通过，将"更团结"加入奥林匹克格言中。）是奥林匹克的格言，"互相理解、友谊、团结和公平竞争"是奥林匹克的精神，"为建立一个和平美好的世界做出贡献"是奥林匹克的目的。奥林匹克激励着青年人奋发向上、超越自我，向着更高的目标迈进。运动员勇于克服各种艰难险阻，付出辛勤的汗水去争取胜利的意志和品质对所有人都是一种启迪。现代奥运会的五环设计要比20世纪二三十年代推进了一大步。体育文化的任务由感性深入理性，从形体美深入心灵美。体育文化的理性任务要求锻炼者在身体健美、均衡和体态端正的基础上达到意志品质高尚、身心尽善尽美的境地，并与艺术相结合。这种深入的心灵美，是一种更高层次的体育文化的理性价值。现代奥运会经过一百多年的发展，已经成为世界上无与伦比的最广泛的社会文化现象。现代奥运会精神文化的设计，是对古代奥运会的简单继承和发展。古希腊的竞技运动受到了社会各界的广泛支持和尊重。竞技场上的优胜者不仅受到橄榄桂冠、棕榈花环和奖牌等奖励，更重要的是他们像英雄一样受到故乡人民的崇拜，从而为他们举行盛大庆典。

（二）竞技体育文化的价值

体育与人类的生存、发展紧密相连，人类创造了体育，也创造了体育文化。体育文化是一种竞技运动文化。正是人类对这一种竞技运动文化进行了改造，文化才不断地获得创新与发展。然而这些创新与发展，是在众人不断的实践中完成的，并经历了与西方学者的社会变革的历史里程相对应的三个阶段，即宗教体育文化阶段、科学体育文化阶段和正在进行中的艺术体育文化阶段。艺术体育摆脱了人类求生存的宗教体育文化和强身健体适应环境的科学化和功利性体育文化的特征之后，向着竞技与艺术相结合、形体美与心灵美相结合的形态发展。

（三）校园体育文化的价值

校园体育文化作为学校教育的重要组成部分，在德、智、体、美、劳全面发展的教育方针中，在培养身心健康和具有创新精神和实践能力的社会主义现代化合格人才中具有十分重要的作用。

（四）大众体育文化的价值

在人类文明的进程中，人类出于共同需要，对自身生存、发展、享受的追求和关注一刻也没有停止过，正是这种大众体育文化在教育全球化的浪潮中的推动力最大，影响最为广泛，也最为深刻。这是因为大众体育文化给人类带来快感和美感，并给社会带来健康和活力。无论中国的大众体育，还是西方的大众体育，都是以全面发展和和谐发展为根基的。

（五）中国传统体育文化的价值

中国传统文化有着历史悠久、博大精深的光辉篇章，也是中华民族自强不息的象征。自古以来，中国传统体育都是围绕"养生"为主开展的，人与自然的结合在于通过与自然的交换排除身体内部的浊气、吸取真气、五脏通达、六腑调和，并认为决定健康和长寿的根本在于人体的内部而不在于外部；中国传统体育文化在体育形态上强调整体观和意念感受、动作简单而内涵深刻，很少有强烈的肌肉运动，因此缺少激进和冒险行为。随着东西方文化的交往，中国传统体育文化这种整体修炼和内在和谐之美，正在和现代科学相结合，形成新的独特风格而走向市场。

第二节 传统体育的起源与发展

一、传统体育的起源

体育是人类社会活动的内容之一，它同其他文化活动一样，起源于原始人的生产劳动和其他社会实践，并伴随着社会的进化不断地发展完善。体育的产生与发展决定于社会物质生活条件，首先决定于经济生产的发展。由于生产资料异常贫乏，生产力极为低下，所以原始体育形态对于经济的依赖性表现得更为突出和直接，其活动领域不仅与生产活动紧密相联系，而且在原始社会人们的物质生产、生活的原始性的制约下，相应地表现得很狭窄。所以只能从生产活动及其他社会活动中间看到某些体育因素。随着原始公社制的发展，人类从生产劳动实践中所得来的认识、思想、感情等日益复杂，原始体育形态的内容和表现形式逐渐丰富和多样化起来，并在人们对其逐步认识的过程中，逐渐从生产劳动和其他社会实践活动中萌发出来。

在生产力低下的原始社会，人类为了生存，除制造和使用工具从事劳动外，还必须依靠自身徒手的技能与大自然斗争，如奔跑、攀援、跳跃、搏击等技能最初是出自人类的本能活动，但随着生产力的发展，这些技能也逐渐成为有目的、有意识的活动。北京人居住过的洞穴遗址中，有数千计的鹿和马以及其他兽类遗骨。可以推测北京人在用其制造的原始粗糙的木石工具进行狩猎的同时，也具有一定奔跑追逐的能力。从历史记载和近代一些原始部落的狩猎活动中也可以看出这种奔跑的萌芽。原始人采集、狩猎及居住活动等都离不开攀援。清代云南一些少数民族仍有巢居的遗俗。采集果实需要爬树，栖息在树上同样需要爬树，这就逐渐有了攀援的技能。北京人遗址中除大量的动物遗骸外，还有相当数量的被燃烧过的朴树籽。朴树籽是小球似的果实，食之有香味，是北京人通过攀援采集的主要果实之一。

我国手搏技能的产生也与原始人徒手搏兽的生产技能有关。沧源崖画第七地点五区的画面上，就有两人与兽搏打的场面。二人均两臂展开，有一臂与兽搏斗，旁边有一人两手各持短棒，似赴援者。

我国羌族有一种古老的传统风俗舞，叫"跳盔甲"，又名"大葬舞"。舞者人数不定，数人、十多人不等。舞时身穿生牛皮制作的铠甲，头戴插着野鸡翎和麦秆的皮盔，手执兵器。开始时先跳圈，然后形成两排对阵，长弩飞舞，肩上挂的铜铃作响，吼声震天。这种舞蹈既是祭祀舞又是训练战伐之用的舞蹈。傣族至今流传有单刀舞、棍舞，也可以两人对舞，近似耍枪棒或器械操，不过带些舞蹈的艺术动作和美观步伐罢了。这种舞蹈都可能是原始武舞的遗俗。其他如布朗族的"刀舞"、景颇族的"盾牌舞"以及描写血亲复仇的"以湾湾"等舞蹈，都类似古代的武舞。可见武舞是原始部落进行军事训练，为战争准备的主要内容。

总之，我国不同地区、不同民族从原始部落形成的各种生产技能、生活技能和军事技能形成了传统体育的起源。最初的体育内容是通过从事生产劳动的形式体现出来的，生产劳动场所往往是学习体育活动的地方。随着社会生产力的发展，一些体育内容开始在生产活动之外进行了，它是有意识地通过某些身体锻炼手段来增强人们的体魄，这意味着"体育"作为身体练习手段开始萌发了。

二、传统体育的发展

在生产技能和军事技能的基础上，体育作为一种有意识的身体练习手段逐渐完善起来，形成了各具民族特色的传统体育内容，在源远流长的中国历史上大放异彩。据史料记载，传统体育早在夏商时代已具雏形，某些传统体育的内容在从其他社会活动中分离转化的过程中，逐步丰富和多样化起来，具有了明显的体育特性。经过春秋战国、汉、唐、宋、元、明、清等历史朝代的锤炼和加工，特征鲜明的传统体育已奠定了深厚的民族根基，为提高国人的身体健康做出了巨大的贡献。传统体育的发展主要经历了下列几个发展阶段：

（一）夏商西周的传统体育雏形

夏、商、西周的体育是在我国奴隶制建立及发展基础上形成的体育形态。其内容已与生产劳动分野，而进一步与军事、教育、礼仪等社会活动结合在一起，并在其中向着多样化和复杂化的方向发展。这个时期，战争发展了，军事斗争成了推动体育发展的重要动力之一，因此军事体育活动的内容较为丰富。在学校教育方面，奴隶主阶级"文武兼备"特点的教育奠定了我国学校体育教育的雏形。其他如医学知识的积累、养生思想的发展等都在不同程度上为体育的继续发展提供了前提条件。这一时期，一些有关体育的概念及理论也在逐步地形成和发展，如射、御、舞、拳、搏、寿等。这方面的内容与后世传统体育的概念和理论既有区别，又有联系。它在某种程度上为后世体育的发展奠定了基础。

（二）春秋战国传统体育的兴盛

春秋战国时期是我国奴隶制向封建制剧烈转变的时代，由于奴隶制的崩溃，奴隶主阶级垄断体育的局面被打破了，民间体育活动蓬勃发展起来。这时刚登上舞台的新兴地主阶级要求改革旧制并付之实践，使很多体育内容在相当程度上得到了发展。这时，"百家争鸣"的各个学派都在不同程度上涉及了体育的思想和实践问题，这对体育的发展有推动作用。有些虽是用体育现象来说明其哲学观点，但对后世也有相当之影响。另外，这一时期，逐渐增长的自然科学知识也为体育发展创造了有利条件。上述这些原因促成了我国古代体育第一次较全面的大发展。

这一时期的军事体育活动、民间娱乐体育活动以及各种导引养生活动都出现了崭新的局面。不仅内容丰富多彩、形式多样，而且很多项目、很多体育观点都是新的，一些体育内容走向竞技化的趋势也在逐渐形成。这些都对传统体育发展产生着深远的影响。此外，值得一提的是这时期的教育家孔子，他身体力行的体育实践对传统体育产生了较大影响。

孔子身体魁伟，身高九尺六寸（相当于现今221.76厘米）。青年时期的孔子身强力壮，有能举起数百斤重的城门闩记载。他的养身之道曾对后代产生了很好的影响，主要包括两个方面：第一，积极提倡并亲自参加各种身体活动。孔子从教四十多年，设置六门课程，其中有锻炼身体的射（射箭）、御（驾御战车）两门为学生必修。此两项也是他本人之擅长。孔子还喜爱钓鱼、田猎、登山、郊游等，很重视户外体育活动。现在泰山顶还有"孔子登临处"的古迹。

（三）秦汉传统体育的体系构成

秦汉时期，是我国体育进一步大发展的时期，这一发展是对先秦体育文化成就的总结和升华。决定这一发展的主要因素有三个：一是统一的多民族的封建集权国家和社会比较稳定。二是封建地主土地所有制的确立及封建国家经济文化的繁盛。三是春秋战国民间体育的大发展为这一时期体育的发展奠定了基础。秦汉时期体育的发展表现在体育活动项目增多，内容丰富，开展广泛，规模较大。

有些体育活动，如蹴鞠、角抵、剑道、手搏、导引养生法都逐渐形成其技术和理论体系，其中不乏各具特色的内容。体育的场地设备不仅纳入了宫廷的建设计划之中，而且在民间也多见。与此同时，体育专著也有相应的发展。这一时期，体育活动的娱乐表现得比较突出。体育的表演内容有了发展，如剑舞、戟舞、刀舞、蹴鞠舞等，体育的欣赏娱乐功能进一步被人们所认识。例如，在汉代盛行的蹴鞠运动（现代足球的雏形）就是一个很好的实例。汉代宫廷盛行蹴鞠。汉朝初年，汉高祖刘邦在宫苑里建造了一个宏大的鞠城（蹴鞠城），作为御林军举行蹴鞠比赛和定期检阅军队的场所。汉武帝刘彻经常在宫中举行斗鸡、蹴鞠比赛，称为鸡鞠之会。汉成帝刘骜由于好蹴鞠，还受到臣下的非议，即"成帝好蹴鞠，群臣以蹴鞠为劳体，非至尊所宜"。除宫廷外，贵族府邸中也见有蹴鞠活动。据学者桓宽说，西汉社会承平日久，贵人之家，蹴鞠斗鸡为乐。为了便于开展蹴鞠活动，有些贵族还在府邸中修建蹴鞠场，养鞠客。如东汉伏波将军马援的儿子的府邸中就有蹴鞠场；汉武帝的男宠董贤家中就养有长于踢球的鞠客。蹴鞠活动在民间也蔚成风气。据《盐铁论·国疾》载"里有俗，党有场，康庄驰逐，穷巷蹴鞠"，里与党是沿西周之后乡间的居民组织，常是25家为一里，500户为一党。由此可知，那时的乡村有蹴鞠风俗，有的地方还建了蹴鞠场，无论是宽阔的大道还是狭窄的小巷都有人在玩蹴鞠。

（四）魏晋南北朝时期的民族体育融合

魏晋南北朝时期虽然是一个分裂割据的动荡时期，但是由于民族的大迁徙、大融合，使中华民族从物质到精神都吸收了外部的丰富营养。学术思想的发展，也由汉代的独尊儒术演变为佛、道、儒三家并立的文化格局，体育在这样的社会条件下有了颇具特色的发展。由于大量的少数民族相继进入中原地区，使骑射、角力等项活动都得到了较大程度的发展，中原地区妇女习武等活动也空前盛行。导引养生之术也有新的发展，这都表明了这一时期体育在某些方面是有显著发展的。但这一时期体育发展也是极不平衡的，就南北而言，体育活动也有相当大的差异。这都表现了社会分裂、动荡以及玄学兴起等社会因素对体育的影响。总之，魏晋南北朝的体育上承两汉，下启隋唐，处处呈现出汉唐两大盛世间过渡时期的风貌，同时也为隋唐时期的体育繁荣做了准备。

这时期民族传统体育相互融合，出现了一些新的传统体育项目，如击鞠。击鞠又称击球、打球，是骑在马或驴上用棍杖击球的一项游乐活动，今谓之马球运动。击鞠活动究竟起于何时，倡于何时，历来众说纷纭。一些学者认为它发源于波斯（今伊朗），由波斯传到西域，在唐代传入长安；有的认为马球在欧亚一些民族语言中称"波罗"，而"波罗"一词起源于西藏，后为许多民族语言所借用，所以击鞠起源于中国的西藏地区，再向东西方传播；也有的认为它源于中原，是由汉代的蹴鞠发展演变而来的。这些说法都不能论定，还有待于进一步研究。然而可以肯定的是，至晚到东汉末年三国初年已经出现了击鞠活动。曹植的乐府诗《名都篇》中即有"连翩击鞠壤，巧捷惟万端"之句，用以描写当时王公贵族的娱乐活动，曹植的这首诗是至今为止最早见于文字的关于击鞠活动的明确记载。

（五）隋、唐时期活跃的传统体育

隋、唐时期，中国封建社会出现了空前繁荣的景象，当时政治、经济、文化等方面的发展为体育的兴盛奠定了非常有利的社会基础。

体育的兴盛主要表现在：宫廷、军队、民间的体育活动都非常活跃；体育项目的多样化和规范化；体育竞技活动空前兴盛，规模宏大，技艺精湛；有些体育项目设有专职机构和专业人员；体育技术、方法及理论探讨进一步深化。这一时期，女子体育活动较前代有显著发展，球戏、弈棋、武艺、杂技、秋千等项活动均有妇女参加，成为妇女生活中的组成部分，这在女子体育发展史上，占有非常重要的地位。例如，击鞠在女子中就很盛行。女子击鞠早在唐朝就已经出现，唐诗人王建的《宫词》中说"新调白马怕鞭声"，"隔门摧进打球名"，就是指的皇宫内宫女打球。在出土的唐代文物中，有击球的女陶俑，还有铸着妇女骑刀持杖击球的八棱面的唐代铜镜。唐代女子打马球完全是为了娱乐。剑南节度使郭英乂看女伎打球作乐，每天得花费数万钱。大约在唐代宗时期（762—779年），还出现驴鞠。《旧唐书·郭英乂传》说，剑南节度使兼成都尹郭英乂"聚女人骑驴击球"。《新唐书·郭知运传》也提到，"（知运子英乂）教女使乘驴击球。"驴鞠就是骑在驴背上挥杖击球。驴比马身体矮小，而且性格特别温顺，非常适宜于女子骑乘。因此，一些宫女、富家闺秀，都喜欢以驴代马，挥杖打球。唐以后，有的朝代宫中也有女子击鞠活动。五代时后蜀孟昶的妃子费氏（花蕊夫人）所作的一首宫词，"自教宫娥学打球，玉鞍初跨柳腰柔。上棚知是官家认，遍遍长赢第一筹"，就生动地描写了妃子宫女打马球的情况。

（六）宋元时期传统体育的整合

宋元时期的体育发展是多方面的。首先是在尖锐的民族矛盾和阶级斗争中，军事武艺得到相当程度的发展，表现在兵器种类的增加、武艺的多样化、武科制度的进一步完备以及民间武艺组织的建立及广泛发展上。

由于宋代社会生产力的发展达到了前所未有的水平，所以农业、手工业、商业都呈现出了繁荣的局面。这为当时体育的长足发展奠定了基础。宋代市民阶层壮大，角抵、马球、蹴鞠、武艺、棋类等项活动不仅广泛在市民中开展，还建立了民间体育组织，使体育日趋大众化、社会化。这标志着传统体育发展到了一个新的历史阶段。一些市民体育活动的内容，一直延续到元代。宋代在文化方面也实行了较为开明的政策，所以宋人思想活跃，敢于思维，敢于创新，因此在导引、棋类、武艺、蹴鞠、捶丸等资料的收集、整理、编纂，创编简便易行的活动套路，从不同角度研习体育和发挥体育健身、娱乐功能等方面都是有相当成就的。

宋元时期一些项目的发展也逐渐出现了衰亡的趋势，如蹴鞠由直接对抗转向间接对抗，马球由于骑兵落后，儒臣的反对，重文轻武之风的影响，习者渐少。这些现象一直到明清无多大变更。但从总的趋势看，宋元体育是有相当发展的，它在中国体育发展史占有重要的地位。当时流行的"捶丸"运动，对现代的高尔夫球运动产生了深远的影响。"捶丸"（捶为打击的意思，丸为小圆形物体）是中国古代的一种球类游戏，盛行于宋元明三代。它由唐朝的"步打球"发展而来。唐代盛行马球，但还有大量的人无马可骑，徒步打球便成了马球的补充，这种步打球受到不善骑马的宫女的欢迎。唐代宗时的进士王建在《宫词》中有"殿前铺设两边楼，寒食宫人步打球"的诗句。到了宋代，因受到社会文弱风气的影响，步打球改为非直接对抗，改球门为球穴，用"捶丸"取代旧名。这时的捶丸，据《丸经》记载：在空旷地上画一球基，离球基七步至百步做一定数目的球窝，旁树彩旗，用棒从球基击球入窝，以用棒数少或得穴数多的一方为胜者。从所记场地、运动用品、竞争人数、竞赛方式、裁判规则等方面来看，均与现代的高尔夫球很相似。由此可以推断：高尔夫球这种运动形式与我国宋元时期流行的捶丸运动有着十分相似之处，高尔夫球在欧洲形成于14、15世纪，后流行于荷兰、英国以及日本、美国等地，这比中国捶丸至少要晚三百年。

（七）明清时期传统体育的定型

明代是中国封建社会后期占有重要地位的一个朝代。这一时期，封建社会各方面都有重大的发展，同时出现御倭战争等明以前不曾有过的情况。因此体育内容在沿袭前朝的基础上有多方面的发展变化。民间武术在沿袭宋元发展的基础上，出现了众多的拳、械门派，并开始向技艺融合兼备的方向发展。同时，辑录、整理、研究武术的著作也大量出现，内容丰富多彩，观点颇为深刻确切。民间武术体系初步形成，体育化现象日趋明显。

清王朝是少数满洲贵族建立起来的政权，他们采取了严厉的民族压迫政策，严禁民间宗教活动和习武，但是农民的反抗斗争一直未能停止，民间宗教和秘密结社活动迅速发展，并多和演习拳棒结合在一起，这对明朝发展起来的民间拳法的传播和发展起了积极作用。这时冷兵器进一步衰亡，而民间武术却蓬勃发展，不仅进一步门派化、理论化和套路化，而且多和导引养生术相结合。既练拳又练气功，成了一个普遍的现象。这时武术已演变成为具有表演等多种作用的运动项目了，武术的体育化进程此时基本完成。继明之后，清人进一步应用导引养生术健身治病。他们在辑录前人导引之说的同时，注重内外兼修、简便易行功法的推广和应用，以及其保健祛病的理论研究，把我国导引养生术的发展推向了一个新的高度。清军入关后，注重本民族的体育活动，提倡骑射、摔跤、滑冰等项活动，使这些活动出现了兴盛的景况。而对其他则不重视，因此清代球类活动进一步衰亡，宫廷府第球类活动少见，民间的球类活动也多为节日活动。此时，棋类活动有了新的发展，棋坛名手辈出，棋着丰富，棋谱亦大量涌现，有很多创新和发展。

当然，明清保留的一些传统体育项目在中国健身史上具有重要的历史意义，它所继承和发展的一些传统体育项目使中国传统体育，特别是武术、养生等健身方法对现今仍有重要的影响。

第三节 体育文化模式初探研究

体育文化模式，是指体育文化在历史发展过程中形成的相对稳定的标准形式，或使人可以模仿的大致的标准样式。探讨各种体育文化模式的异同，对揭示不同体育文化的具体特征和属性，对体育理论建设和体育实践指导，都是十分有益的。

一、文化模式与体育文化模式

（一）文化模式

"模式"一词，指的是某种事物的标准形式或使人可以照着做的标准样式。它指涉的事物范围很广，涉及前人积累的各个方面经验的抽象和升华。不仅是图像、图案，也可以是数字、抽象的关系，甚至思维的方式。它揭示了事物之间隐藏的规律关系，但强调的是形式上的规律，而非实质上的规律。简单地说，只要是一再重复出现的事物，就可能存在某种模式。文化模式，是某种文化的标准形式或使人可以照着做的标准样式，是具体历史文化的形式和内容、结构和要素的统一。确切地说，文化模式即以一定的价值系统为核心，并按一定结构组织起来的文化内涵的整体，是融语言、信仰、生活方式、价值观念于一体，融器物文化、制度文化、精神文化以及人本身的文化性格于一体，组合起来的具有独特个性的文化体系。文化模式也是指与人类特定区域、特定历史时期和特定人群相联的一种稳定的文化趋向。这种文化趋向有着共同的价值观念体系，有着较一致的道德评价和社会理想，并由此决定着人们大体一致的行为方式。在人类社会的发展中，主导性文化模式在人类社会和人类历史进程中具有重要的地位：决定着个体的行为；构成社会政治经济等活动的内在机理；在深层次上标志人自身的发展和社会历史的进步。

（二）体育文化教学的组织模式

抓好体育课各阶段的组织教学。体育教学过程是由开始、准备、基本、结束四个部分组成的，由于四部分教学内容和学生情绪各不相同，因此，教学中教师要灵活地组织教学，充分调动学生的学习积极性，切忌出现先紧后松、虎头蛇尾的不良现象。学生的情绪极易松懈，此时教师的组织教学更不能忽视，应采用一些调节情绪和恢复体力的放松性练习，保持学生兴趣，如舞蹈放松、意念放松，同时做好课堂小结。如何在体育教学实践中通过教师的引导，培养学生自觉地参与学习呢？

1. 培养学生的学习兴趣

学习兴趣是指学生对活动所具有的爱好和追求的心理倾向，它带有鲜明的感情色彩。浓厚的学习兴趣能调动学生的学习积极性，促使大脑处于高度兴奋，造成获取知识、探究未知的最佳心态。可见，学习兴趣是促使学生主动参与学习的前提。如何使课堂教学兴趣化呢？

（1）导入课堂时激发学生学习兴趣。课堂导入，它好比一场戏剧的序幕，要一开始就引人入胜，激发学生的好奇心，使学生产生求知欲，诱发出最佳的心理状态，做到这一点，就需要教师创设最佳的教学情境。在导入课堂时（课的开始准备部分），无论从场地的布置、学生活动的队形、活动的内容以及组织手段的形式等方面，都应根据不同类型的课时内容，因地制宜地为学生创设一种富有激情、新颖的外界条件。有时的场地采用的是多方位的、半圆形的、梯队形的、五角形的、马蹄形的、梅花形的等不同常规的场景设计，给学生一种好奇、新颖的感觉。热身活动时，有时采取否定上位的自由运动，通过教师的引导，师生一起一会儿自由练习、一会儿小组结伴练习；有时安排在音乐的伴奏下，师生一起自编自舞或模仿各种动物跳跃的随乐活动和无拘无束的唱游等。这种组织方式既给学生创造了良好的学习氛围，诱发了学生的练习激情，达到了热身的效果，又缩短了师生之间的距离，为顺利进入运动技能状态创造了良好的条件。

（2）新授教学时引发学生的学习兴趣。新授教学是学生理解知识、掌握知识的重要过程。教师要尽可能地创造条件，让学生参与这个过程。为达到此目的，教学中教师一定要重视对学生的启发、引导，使学生在教师的启发引导下，正确地思维，轻松地接受新知识。在新课教学中，要改变班级只是作为制约学生课堂行为的一种"静态的集体背景"而存在的现象，使班级、小组等学生集体成为帮助学生学习的一种"动态的集体力量"。因此，在教学时，教师不要急于讲解新授知识的动作要领，而是要创设教学情景，组织学生以学习小组为单位开展讨论，让学生进行自学积极地思维，来提出问题、分析问题。教师则根据学生所提问题进行边整理、边删改、边示范、边讲解的方法，最后很自然地引出正确的动作要领，使学生在充满热烈探讨的交谈气氛中和积极参与思维的过程中，自然地掌握了新授知识。如笔者在新授"前滚翻"内容时，场地安排是把垫子摆设在斜面上，在带着学生来到布置好的场地前时，用直问与曲问相结合的方法，来帮助学生进入学习角色。

（3）安排练习时，有趣练习是学生各种技能形成的基本途径，优化练习设计是提高学生学习积极性的重要一环。单一的练习乏味，使学生厌学，因此，练习设计要尽量做到多样化、趣味化。在前滚翻练习时，笔者安排了自练、互练、小组合练以及互比、互评的交替练等方法，其间运用精讲示范、恰当点拨、分层要求和整体提高等方法进行指导。这样的练习安排既达到了巩固知识的目的，又培养了学生浓厚的学习兴趣。

2. 教给学生学习的方法

课堂教学不仅需要帮助学生"学会"知识，而且要指导学生"会学"知识，学生掌握了学习的方法，就能快速地获取知识，更透彻地理解知识，从而可以增强学生学习的自觉性和自信心，要做到这一点就要求我们必须做好以下几方面：

（1）教给学生自觉学习的方法。体育教学是学校教学工作的重要组成部分，我们不要把体育教学单一地理解为只是直接为增强学生体质服务，更重要的是教会学生自觉学习、自觉锻炼的方法，只有这样才能达到"教是为了不教"和"自练通行，自学得之"的目的。教材是学生学习的重要依据，教师要精心创设问题情境，要因地制宜地组织学习材料，使教材中的图案、文字表达方式能够符合各年级学生的认知规律，使学生通过自己的探索明确原理，掌握方法。

（2）学生练习的方法。体育教学间的知识结构虽然相当复杂，但知识间往往存在着某种类同或相同的成分。

在安排练习时既要考虑到学生身体的素质情况，又要考虑到学生自身的知识体系的差异性，同时又要根据不同的内容组织不同的练习方式。所以教师在教给学生练习方法时，应根据不同的教材内容而定。如引导学生尝试自练，来体会动作的难易点。启发学生通过自由组合的小组练，来激发学生的思维、提高学生的组织表达能力，达到练习的效果。

在体育教学过程中，应随时给学生创造一个自我评价、自我检验以及对知识点的简单分析、对课堂教学中提出一些要求等的活动。这种活动既是对学生组织能力、口头表达能力、思维能力、合作能力、评价能力的培养，也给学生创造了一个剖析自己、彼此交流、公平竞争、巩固知识的理想场所，后进生可以得到帮助和提高。总而言之，在体育教学中让学生主动参与学习，才是真正把开启知识的钥匙交给学生，也是提高学生身心素质、使其掌握知识的最佳途径。

二、国外学校体育教学模式改革

（一）以学生能力驱动为导向的学校体育课程教学模式改革——以新加坡为例

尽管新加坡强调了统一和社会凝聚力，但这里在体育议程中并未提出要对性别或种族界限之间的权力关系做出分析。体育教育一般是大学预科水平的标准，由于在国民心态中防御非常重要，因而人们普遍认为，男人由于其在每年国民兵役征召（一直到40岁）中的角色，需保持健康身体素质，而女人尽管一般在外工作，但也应该对家庭负责，她们越来越多地从事家政助理、儿童看护等工作。在新加坡体育是可以作为学校整体学科发展评估的一个硬性指标，体育教师所获得的工作量相当于课堂教师工作量的两倍。在当地环境中，目前体育教师需有第二个教学科目，因为体育联谊会之外的共同看法是该领域内的教学只是"娱乐和游戏"。因此，体育教师并未被全面分配到他们的专业领域中。最近，规定的体育与第二教学学科的教学工作量比已经从50：50增加到60：40。只有学校极力主张体育优化配置其专业体育教师，即体育价值比其主干学科价值要高，才能有效提升学生的体育学习效率和健康水平。

关于全民健康匀称（TAF）计划，公众强烈地感觉到这对肥胖和超重儿童是一种侮辱。体育被普遍接受的程度仍然仅限于通过学校对健康状况的重视，主要针对小学四年级和大学预科班，以及维持身体健康的需要。尽管近年来，新加坡官方立场已经通过"系统性健康框架",且体育基础设施建设有广泛提升。但是,正是入学学生对国家体适能奖(NAPFS)的从一而终,使得学生和其教师在被问到他们对体育的看法时,他们不约而同地提到了国家体适能奖(NAPFS)的压力,尤其是在学校的成就和长期成就中,实现全民健身目标的压力。有学者通过面谈得知,即使是分数极高的女生一想起国家体适能奖(NAPFS)也会哆嗦,学生对其体育经历的记忆越来越多地反映出该压力与将奔跑作为教学计划的重点有直接关联。

尽管新加坡在学术成就方面的声誉是应得的,但其教育还是因为通过高风险考试使学校损害了全面发展教育的推行,过度强调学术结果而备受批评。因此,在过去的十年中,注意力被放在了推动系统性教育概念中,这是一种用非学术结果从结构上平衡学术课程的概念。"重思考的学校、好学习的国家(TSLN)"这一政策得以强化,而2006年的体育教学大纲的修订推动了"系统化学习"这一知识体系。近年来,新加坡一直通过扩大教师体育知识学习的范畴,摆脱"优秀学业从而开发对成功生活至关重要的特质、心态、性格和价值观"这一压力。2000年制订的体育运动系统教育框架,直至4年后国家议会要求改进,才有了迅速的发展。

当时,新加坡国家议会承认了课外体育活动在实现教育成果中的重要作用。新加坡国家议会达成共识,学生的活动选择不是可有可无的额外活动,而是对学术课程必不可少的补充。关于结构问题,学术性课程包括体育课程,这多少有点自相矛盾,但是该学科中的解决问题的价值取向经常被学生忽视,因为对于他们来说,体育不涉及"思考"。大多数非学术课程得以重新制订,将体育教育内在的一些特质作为目标。对于不同层次的学校教育,各国家有不同的课程要求。新加坡在国家意识形态上的教育目标,通过控制根据学生潜能所选的资源来服务,以便增强多民族、多语言的新加坡的社会互动信心和领导。

(二)国外学校体育教学模式改革的走势

在能力驱动时期,教育和体育部也基于识别和输送学校体育人才展开合作。自2004年起,新加坡体育学校一直为在所选核心体育项目中有天赋的小学高年级学生提供食宿。这些学生运动员满足严格的学术甄选标准,他们已经在新加坡举办的首届青年奥林匹克运动会(YOG)中获得了3枚奖牌,新加坡体育代表团共获得7枚奖牌。学校还在其拥有先进设施的校区内主办了2008届和2010届世界游泳杯赛(国际泳联)。政府的另一项人才推动举措使学校特定体育院校得以建立。该举措自2008年制订后每年都在拓展,目前重点倾斜支持21家初中学校和3家青训学校。

三、东西方体育文化模式的差别与融合

将体育视为一种文化,这本身就是体育研究的一大独特视角,它摆脱了以往"以教育观体育"的思维羁束,开辟了多层次、多方位研究体育的先河。

(一)中西体育差别的研究概括

中西体育比较研究的不断深化就反映了这一点,以往对于中西体育差别的研究可以概括为以下两个方面:

1. 以文化三层次理论为基本思路,对中西体育的思想理论层面进行比较

有人认为,中西体育在哲学思想、医学基础、审美观念方面有显著差异。中国传统体育植根于"天人合一"、阴阳、八卦、五行理论等之中,而西方体育在西方哲学重外在、分析、重与自然的斗争等观念的指导下形成和发展;中医整体观重人体自身的统一性及自然界的和谐,带有某种经验、直觉、模糊的性质,西方体育是科学实验、解剖学、生理学、现代医学等的综合运用;中国传统体育重节奏、韵律、神韵、内涵、和谐美,重朦胧、抽象、含蓄美,西方体育阳刚的力量、速度之美,重外在、形体美。

2. 对中西体育进行体育性质的整体比较

如李力研认为以中国传统体育为代表的东方体育是哲学体育,其实质是对宇宙的把握;西方体育则是一种物理体育,其实质是对生命的展现。东方体育和西方体育都是人类共同的体育文化,是人类互相交往的结果。作为东方体育的代表,中国传统体育是黄河、长江文明孕育出来的,西方现代体育则是不列颠、美利坚等文化的产物,是古代希腊和意大利罗马体育文化发展的结果。

(二)中西方体育文化模式的融合

目前,世界文化在互相开放和交往中日益趋同,中西体育也日渐走向融合。中国传统体育在封建制度中存在和发展,自给自足的自然经济环境形成相对独立和隔绝的体育文化,封闭性、伦理性、民俗性、宗教性、军事性较强。西方现代体育是适应现代社会生产方式存在并发展的,呈现出竞技性、普遍化、个性化、娱乐化等发展趋向,这两种不同时代中产生和发展的体育在人类进入近代社会以后逐渐消除了隔阂。鸦片战争以后,中国传统体育在被动与主动、自觉与不自觉中开始了与西方体育的冲突与交融。如今,西方的田径、游泳、足球等项目已成为中国体育的主要内容,西方体育中的平等竞争等观念也已日渐深刻地影响到中国的体育(包括中国传统体育)。一部中国近现代体育史,实际上就是中西体育互拒互斥、互渗互融的历史。中国传统武术吸取了西方体育竞赛方式,形成了散手竞技,气功引入了现代科学理论,龙舟、风筝等赋予了现代人的

精神需求，这些中国传统项目成为中西皆宜的竞赛和活动方式，它逐渐得到西方人的接受和认可。这表明了中西体育逐步契合的趋势。有研究者指出，以奥林匹克精神为主的西方体育观念"和平与友谊""平等地公平地竞争""体育为大众""重要的在于参与"等逐渐为中国传统体育所吸收。而中国传统体育中的伦理道德观、健康长寿观、自然养生观、形神相关论、动静相关论、人天相关观等构成的整体体育观也被西方体育不同程度地接受；中西体育在运动形式、方法与手段上也不断趋同，西方的摔跤、举重、拳击被中国接受，网球、橄榄球也被引入。

西方体育文化，起源于古希腊、罗马的西欧文化。它是在资本主义工业革命、市场经济的社会条件下，以城市为中心发展起来的，以竞技为主要特征的一种体育文化。西方体育文化与资本主义历史条件以及竞争、冒险的哲学思想相适应，形成了重视"练形"、健美，讲究外在统一和激烈竞争的风格。奥林匹克运动文化便是西方资产阶级价值观的产物，它的基本概念或范畴，如尊重、和平、友谊、团结、公平、人的全面发展都是西方工业文明的产物。这些观念代表了社会发展和文明进步的趋势，具有进步意义。它是一个超越体育范畴，影响波及国际政治、经济和文化的相对独立的社会现象。

随着西方物质文明的高速发展，人们越来越对现代社会中精神颓废的生活感到失望和厌倦。而东方体育则强调"养生修性"、练养结合、动静平衡的体育思想，对西方人来说具有极大的吸引力，他们试图从东方的处世之道和养生方法中寻求出路。人类对仅追求胜负与狂热刺激的西方体育竞技日感不满，人们需要更多层面的身心体验和更深邃的高情感活动。东方体育具有注重肉体和精神统一的文化价值特征，在缓解高科技带给人类的不良影响方面，具有划时代的功能效应，成为满足人类精神需求，促进人类身心健康的高情感体育活动。东方的传统生命观、健康观和与此相适应的保健体育，蕴含着人体生命科学的丰富内容，对指导人类的保健活动，具有十分重要的意义。在奥林匹克运动文化风靡世界的今天，东方体育文化以其特有的魅力悄然升起。东西方体育文化的冲撞与融合，必然导致新一轮人体生命科学的革命，其最终结果必将以人的身心和谐发展为归宿。东方体育文化在儒家思想的熏陶下，逐渐形成了融养生健体、道德教育、娱乐竞技于一体的独特风格。在西方奥林匹克运动的巨大影响下，东方体育文化不再是封闭环境里的自足体，而是在同西方体育文化相互融合、相互竞争的汇流中迅速发展。

西方社会的经济、文化和与之相适应的资本主义历史条件和竞争、冒险的哲学思想，使西方体育文化形成了重视练形、健美、讲究外在统一和竞争激进的风格。西方体育文化发展的直接结果产生了奥林匹克运动。同时，东方体育文化中有价值成分，也被越来越多的西方人接受。

1. 西方体育文化模式的形成

西方现代体育的发展大致经历了三个阶段：第一阶段（古希腊时期）。古希腊十分重视对青年的身体训练，公元前300多年前教育家柏拉图在他的身心调和论的教育设计中，规划了各种年龄体育活动的内容和要求。第二阶段（文艺复兴时期）。英国教育家洛克首先提出了"三育学说"，即把教育分为体育、德育和智育三部分．并强调"健全之精神，富于健全之身体"。第三阶段（19世纪产生革命后）。当时德国体操盛行，与此同时，美国球类运动、法国体育也都迅速发展起来。其主要内容有田径、体操、举重以及各种球类运动等。这些运动特别强调肌肉锻炼和体格健壮。研究表明，西方体育文化的特征，是和相适应的资本主义历史条件以及竞争、冒险的哲学思想有关，从而形成了重视"练形"、健美、讲究外在统一和竞争激进的风格。

19世纪末，西方体育文化发展的直接结果即产生了现代奥林匹克运动。奥林匹克运动经历了一个世纪的发展，终于成为一个超越体育范畴，影响和波及国际政治、经济和文化的相对独立的社会现象。同时，西方社会伴随着物质文明的高速发展，人们越来越对现代社会中缺乏运动以及精神颓废的生活感到失望和厌倦，因而对竭力想摆脱这种状况的西方人来说，东方体育中的许多体育思想和运动方式，对他们来说越来越具有吸引力。世界体育的发展史表明，世界体育首先产生于东方而不是西方。在公元前5000年古代的东方就开始向文明社会过渡，产生于这个历史时期的东方体育，不仅对后来的西方体育，而且对整个世界体育都产生了积极的影响。而在东方体育已作为一个整体存在于人类社会并得到了充分发展的时候，即公元前11—前9世纪，欧洲文明的发源地——地处南欧的古希腊，罗马都还处在稚气的神话时代，其体育自然也才刚刚起步，经过公元前8—前5世纪的创造和发展，西方才形成了不同于东方体育并具有鲜明西方色彩的体育类型。至此，西方体育才初步形成。世界体育也因此进入了一个由东西方两种不同类型体育交相辉映、平行而不同步发展的新阶段。公元2—10世纪，东方的亚洲和北非的多数国家相继进入封建社会，东方体育在良好的社会条件下继续保持其兴盛发达的状况，并越来越趋向于成熟。此时的西方体育，无论在内容和形式上都较之同一时期的东方体育远为落后和贫乏。但是，从15世纪至17世纪，欧洲向资本主义社会发展，从而使西方体育开始进入一个伟大的转折时期，西方体育逐渐摆脱落后状态，并从战争和宗教活动中分离出来，成为一个独立完整的社会现象。

2. 东方体育文化模式的形成

以中国、日本、印度、朝鲜等亚洲国家为代表的东方体育，都由于大部分时间处于一种闭关自守的封建社会条件下，而使他们在古代所形成的兴旺发达的状况在近代未得到进一步充分的发展,从而使东方体育进入了一个停滞和衰落的时期。到了20世纪50年代,东方社会条件发生了根本性的改变,缩小了在经济、文化和科技发展上与西方的差距,中国、朝鲜、越南等亚洲社会主义国家的崛起和亚洲四小龙在经济、文化和科技上的高速发展,使以亚洲诸国为代表的东方体育在与奥林匹克运动为核心的西方体育的相互交汇、融合中得到迅速发展。就中国而言,经过世代的传承、嬗变和发展,逐渐形成了自己独特的风格和特质,形成了以养身健体、道德培养为主要目的,并高度吻合了中国传统文化的基本精神和由这种文化所锻造的民族性格的体育形态;形成了一个结构稳定,区别于世界上其他任何国家体育形态的独立体育文化体系。鸦片战争后,西方体育相继传入中国,从而使东西方体育文化相互交汇和融合,并逐步形成了一种东西方体育文化相互迁移和相互竞争,共同提高的新格局。

东方文化和西方文化是两股不同的文化源流,显然,东西方体育文化必须带有各自核心文化的色彩和特征。同时随着近代自然科学的发展,人们对体育的价值观发生了改变,逐渐意识到近代体育对培养全面发展的新时代所需要的人格与体格的具体价值。东方体育文化强调"内意识"的养生健体能力,西方体育文化强调练"外形"而改善人体"内环境"的能力,我们应将这两种不同的能力培养和教育融为一体,不仅要培养学生的健身锻炼能力、竞技和竞争能力、自立和应变能力、娱乐消遣能力,还应从学生的精神面貌、意志和品格中去探索其内在含义更为深刻的内容和实质,能力培养必将提高学生对体育的兴趣、爱好的习惯,体现"因材施教,全面育人"的内涵,从而为终身体育奠定基础,为培养和塑造决定着中华民族的前途和命运的青年一代打下了全面而坚实的基础。

四、我国体育文化对外有效交流模式

体育文化对外交流的主要内容包括体育物质文化的交流和体育精神文化的交流。在体育文化交流的过程中,体育的物质文化和精神文化不断与外界进行着新陈代谢。目前我国体育文化对外交流的方式主要包括以下四个方面:

其一,各类国际比赛。通过国际竞赛平台,我国传统体育文化增强了竞争性和对抗性,我国传统体育文化走向世界,为世界人民所接受,中国传统文化发扬光大,2008年北京奥运会更是彰显了我国传统体育文化的特色;其二,各类的国际学术交流活动,也大大促进了中国体育文化与国外体育文化的交流;其三,各类民俗表演和活动也促进了我国与外界体育文化之间的交流;其四,各类政治和经济活动也间接地促进了体育文化的对外交流。体育文化对外交流有以下特点:首先是大众性。体育文化是一种需要人们广泛参与的休闲文化。其次是连续性。虽然,中国民族传统体育文化对外交流还不到几百年的时间,但是由于其文化的相互矛盾存在,不断碰撞磨合,它们不仅各自获得新的文化血液,而且获得新的文化生存空间。最后是不平衡性。各体育文化之间的对立统一的调节作用要体现为交流的各方吸引对方精华,吸取对方的经验教训,互相补充。

(一)我国体育文化对外交流的现状

对于我国体育文化对外交流来说,存在着一定的优势和相应的劣势,促进我国体育文化发展的因素主要有以下几点:

其一,国民对体育认识需求层次上的提高。随着国民生活水平的提高,人们对体育领域的需求不断增加,无论是对体育运动自身的需求还是体育相关产品。过去人们对体育的需求仅限于认识层面,随着体育文化的不断发展,现在国民对体育的需求也从单纯的身体方面的需要向更高层次的物质需要和精神需要方面转变。越来越多的人参加到国际体育社团和组织当中去,参加一些娱乐性的体育活动。

其二,国家颁布政策支持我国体育对外交流发展。自中华人民共和国成立以来我国政府部门一直对体育对外交流相当重视,在政策上给予了极大的支持,周总理曾亲自批示要求国家体委(后改为国家体育总局)要注意人选的政治条件。国家体委无论是贺龙主任,还是以后历任的领导都高度重视这项工作,指示承办部门在具体实施过程中要严格遵照周恩来总理的批示精神,派出业务水平高、政治素质好的教练,向世界展示社会主义中华人民共和国的崭新风貌。许多著名的运动员在过去的时候很少得到外国锻炼的机会,但是现在在国家政策的允许下,许多运动员可以比较自由地参加到国际体育联赛中,比如说姚明,既创造了物质财富,也为我们的国家争光,这些与我们当前宽松的国家体育政策是分不开的。

其三,2008年奥运会为我国体育文化对外交流传播提供平台。北京奥运会是历史赋予我们的机遇。在奥运会之前的准备阶段,我们通过基础设施建设,奥运会的主题等很多方式和世界各国人民进行了充分的交流,在这个过程中,我们向世界传播和展现了中国体育文化的精髓。奥运会,为中国体育文化对外交流事业和向世界推广中国文化提供了较好的机会。

其四,国外对我国发展的认可促进我国体育文化对外交流的发展。自改革开放以来,中国取得的社会主义建设成就举世瞩目,国际地位和国际影响与日俱增。我国在经济、文化、政治以及教育方面的快速发展已经得到了其他国家的认可和信任。从而在从我国加强体育交流这个过程中减少了很多弯路,从而使我国的体育对外交流顺利发展。

四点因素有力地促进了我国体育文化对外交流与发展,我国体育文化在国际体育上具有了一定的影响力。我国体育文化传播是一项长期的任务,在对外交流中也遇到了很多问题，主要有以下阻碍因素。

其一，知名体育产品品牌较少。知名体育品牌在体育对外交流中发挥着不可估量的作用，世界上有很多著名的国际体育品牌在世界体育交流中发挥着重要的作用，知名体育品牌既能挖掘自身的潜力，又能够带动整个体育产业的发展。我国现在也在积极打造我们的优秀体育品牌，但是由于我们的基础比较弱，所以还处于学习阶段。我国最成功的体育品牌是李宁，但还是和同领域世界品牌有较大的差距。我国的体育品牌和世界名牌相比主要存在以下差距或不同：一是国际化战略；二是针对消费群体的不同；三是质量的差距；四是文化底蕴的差距。

其二，我国体育发展区域差异较大。由于我国的经济、政治、文化发展不平衡，导致我国体育文化发展出现了偏差。我国的体育事业总的来说是南方发展比北方快，沿海发展比内地快。我国区域经济发展差异显著，各地区的经济发展差异还是比较大的，体育实力较强和体育发展速度较快的地区主要分布在东部、南部沿海地区，而中西部、西北、西南地区的体育实力相对较弱，发展速度相对较慢。东西部之间体育发展速度的差距仍在继续扩大。

其三，体育文化发展规划存在不合理性。我国体育用品从整体来看，自主开发、设计能力较低，产品科技含量不高，产品附加值低，大都以加工型企业为主，还没有形成自主开发的主导性体育产品。在整个体育产业结构中，主体产业所占比重较少，产业结构之间发展不协调。在产业项目方面，体育项目重复投资现象严重，缺乏整体规划布局。在这些项目投资过程中，投资者缺乏必要的市场调研与市场预测，过高地估计了中国体育产业市场发展的需求，企业过分追求短期超额利润，导致部分企业服务质量差、社会效益不明显、经营业绩不佳。另外，体育产业法规不健全，调控机制还未形成。目前我国出台了体育产业法规管理各运动项目，如体育产业经营的申办条件、经营条件、从业人员的资格认证等。

（二）我国体育文化对话交流模式发展策略

体育的各个组成部分之间，即学校体育、社会体育、大众体育以及体育文化之间的各个因素在社会中都在不断地进行交流，不仅包括体育系统内部的交流，也包括系统外部的交流。现阶段，我们需要把体育信息在这两个系统之间进行传播才可以实现体育对外交流的目的。目前，我们需要寻找适合我国体育对外交流的模式，在适当的模式下，推动我国体育文化有效的传播。通过对体育文化元素特点分析，促进我国体育文化对外有效交流传播的模式主要有三种。

其一，以媒体为中介对外交流的模式。媒体作为重要的传输工具，极大地促进了社会个体社会化的进程，并在质和量的维度上提升了其社会化水平。无论是体育传播还是交流，都存在主体、客体和内容这些元素。主体主要指媒体组织，客体是媒介的受众，即媒介的使用者。传播的内容是体育文化。媒体有较强的辐射作用，在传播体育文化时可以辐射到国民的各个方面，媒体可谓发挥了核心的作用。从上面分析中可以看出建立以媒体为中心的现代体育对外交流模式对实现体育对外交流的有序发展有着重要的价值。

其二，建立体育文化对外交流的多元化模式。体育文化多元化发展和传播主要是指从不同的角度来认识我国体育文化，把体育文化不同维度的意义进行对外交流和传播。当前，在西方体育文化的强大攻势下，非西方传统体育文化受到严重威胁，使人们对本民族体育文化的认同和保护意识逐渐得到强化。人们希望加强各民族体育文化的交流，构建一个多元而和谐的世界体育文化体系，对于民族文化的保护和多元文化的追求，决不能仅仅停留于口号和理想的层次，而要付诸行动，在切实可行的范围内争取更大的具体的利益。体育作为一种特殊的文化现象，随着各种形式的交流，变得日益多元化。可见，构建我国体育对外交流的多元文化模式，是我国体育对外交流的必由之路。

其三，建立我国体育文化对外交流的国际化模式。要想我国体育文化对外交流有效快速，必须减少国际体育间的差异，通过一定的途径寻求大家认可的内容。我国体育的发展应该超越国界，与别国体育间相互联系、相互渗透、相互沟通和相互协调，逐步把我国的体育惯例逐步统一成国际体育惯例。实施我国体育对外交流国际化的模式，我国应该建立一个国际体育交流的组织机构和一整套体育对外交流制度。各种单项国际体育组织定期举办世界锦标赛、世界杯赛，这些运动会都是在国际规则和规程统一标准下进行的，促进了体育交流在全球的开展，促进了各国人民之间的体育交流，有利体育交流的发展和进步。职业体育运动在全球扩展是我国体育对外交流的机遇。我国职业运动员在与国外其他职业运动员进行竞赛的时候，不但可以进行对外体育技术交流，还可以进行体育文化的交流与沟通。可见建立我国体育文化对外交流的国际模式对我国体育文化对外传播有重大意义。

我国体育文化对外交流借助于北京奥运会的东风在世界体育领域发挥着越来越重要的作用，我国体育正从一个传统的世界体育大国真正地向一个世界体育强国迈进。我国体育文化正在通过自身的方式，与世界性的社会大众体育交流融合，并在世界范围内占有越来越重要的地位。加快我国体育对外交流快速发展，能为我国的体育事业和由它衍生来的很多事业带来更多的帮助和更好的保障。体育对外交流的发展策略方案具有科学的和实用的价值，这些方案的顺利实施影响着我国体育对外交流的发展。

实例分析：北京奥运会对中西方体育文化的融合模式分析

中西方体育文化各有自己的独立特性，中国传统体育文化是以个体农业经济为基础，以宗法家庭为背景，以儒家思想为核心的体育文化，而西方体育文化是以竞技运动项目竞赛为特征的一种体育文化。东西方文化有着诸多差异，作为文化大系统中的一个分支，中西方体育文化自然也就存在着许多不同。然而在近代两者却奇迹般地结合在一起，并且在碰撞之中逐渐融合，成为近代中国体育的主流。北京奥运会的举办为加深中西方体育文化的交流与融合提供了历史机遇，同时也成为中西方体育文化融合的桥梁。

1. 中西方体育文化对比

中国传统体育文化是指由中国几千年文明史演化而成的，以个体农业经济为基础，以宗法家庭为背景，以儒家思想为核心的体育文化。西方体育文化是指源于古希腊、罗马的西欧文化，它是经过文艺复兴和产业革命，在工业生产、市场经济的条件下，以竞技运动项目竞赛为特征的一种体育文化。中西方由于地域环境、思想意识、文化背景等诸多因素的差异，直接导致了体育思想和体育价值观的差异。从两种文化的比较中，我们可以看出它们各自的特征。中国哲学观讲"天人合一"，认为宇宙、自然界、人都是由"气"构成的一体，而西方哲学讲天人相对、天人有别。在人生观方面，中国人乐长生、重节制，讲中庸之道（温、良、恭、俭、让）；西方人求价值、谋进取、趋极端（敢、强、险、异）。在认知形式上，中国人重直观感受、求整体把握；西方人重知行分析、细剖层究。在思维方式上，中国人重直觉顿悟；西方人重抽象思辨。由于以上原因，西方产生了以激进性、个体性、开放性、流变性为特征的"竞技体育文化"。中国因封闭的农业基础、自给自足、缺少更高文化竞争等产生了崇尚经验、注重伦理、看重礼仪教化、稳健为特征的农耕文化，也孕育出了"养生体育文化"。

2. 借北京奥运会促进中西方体育文化的交流

人类社会的体育交往，就其整体发展来看，包括接触、传播、冲突、选择、调适、融合和发展等过程。从系统论的角度来看，一个社会的信息输入和输出频率越高，这个社会的体育交往就越频繁，反之则是越低。

前国际奥委会主席罗格曾再三表示，希望2008年北京奥运会办成一届具有奥林匹克文化传统和中国民族文化相结合的奥运会。曾参加汉城奥运会策划和组织工作的韩国教授访华时表示，韩国为了让西方人接受韩国文化，仅对开幕式就争论了3年，争论的焦点是如何使韩国文化与西方文化相融合。这同样也是我们当时要面对的问题。我们不能生搬硬套，强迫别人接受中国文化，而是要想办法把东西文化融为一体，使人们感到既是东方的，又是西方的；既是民族的，又是世界的；既是传统的，又是时尚的。这就要依靠智慧、艺术和科技来解决，绝非轻而易举，要花大力气才行。北京奥运会有一项重要任务，就是使奥林匹克运动在中国和亚洲扎根。从推进奥林匹克运动的角度来说，举办奥运会只是手段而不是最终目的。如果把举办奥运会分成三个阶段，即赛前阶段、比赛阶段和赛后阶段，我们切不可忽视赛后阶段，因为普遍的现象是赛前紧张准备，比赛轰轰烈烈，而赛后就冷冷清清，一切故我依然，要不了多久，奥林匹克就会在人们心中烟消云散。亚洲之前举办的两届奥运会，就没有达到举办奥运会的真正目的。要使奥运会在中国扎根，需要大量引进先进的西方体育文化，同时输出以中国为代表的东方体育文化，包括哲学思想、人文理念、养生之道和健身方法，使奥林匹克文化注入世界体育文化的精髓，使中国体育文化有长足发展。

3. 北京奥运会后中西方体育文化融合模式

（1）物质层面的融合

北京奥运会推动了中西方体育文化在物质层面上的交融，促进了运动项目的健全、运动形式的多样化、场地设施的改善、体育器材的现代化和运动技术的创新性。北京奥运会的举办为促进中西方体育项目的融合提供了机遇，其主要的表现形式是以奥林匹克为代表的西方竞技运动项目的融合，如我国实施竞赛制度的运动项目的增加，与西方休闲运动项目的融合（如台球、保龄球、健身操等），以及中国的传统体育项目（如武术、太极拳、气功等）为西方人所接受。在奥运会的推动下，我国按照奥林匹克组织体系健全了国内体育组织，逐渐完善了运动体制，如全国体总与奥委会分离，又成立了一些全国性的单项体协和行业体协。北京奥运会推动了我国各项公共体育文化设施的建设、修复和完善，提高了人民群众对体育文化资源的共享数量和质量。2008年北京奥运会共有37个比赛场馆，其中在北京修建的场馆有32个（11个新建，其他改扩建等），总投资127亿元，其中国家体育场为31.3亿元，国家游泳中心10.34亿元，国家体育馆8.67亿元。据知，自行车比赛馆为中央政府财政投资（中央财政拨专款）3.6亿元。有5个场馆建在北京的大学校园内，赛后将留作该大学的永久体育馆。如北京大学乒乓球馆建筑面积约为26 000平方米，投资额约为2.6亿元。奥运比赛结束后，改建为北京大学体育馆。

另外，北京奥组委确定了40余项场馆通信设施建设项目，包括国家体育场、国家体育馆、奥体中心体育场、奥体中心体育馆、工人体育场、工人体育馆、北京大学体育馆、北航体育馆、首都体育馆、国际广播中心（IBC）、主媒体中心（MPC）、奥运村、媒体村、国际奥委会（IOC）总部饭店、奥组委总部大楼、BOB总部大楼等竞赛场馆和非竞赛场馆。场馆分散，规模空前，通信网络的复杂程度超过了历届奥运会，对于北京网通来说，奥运场馆的通信保障工作是一次巨大的挑战。奥运的体育设施和国家森林公园的建设为市民提供了更加丰富、更加优质的文化休闲资源。为迎接奥运会，各大古典园林均进行了有组织、有计划的全面系统的整修，规模之大、覆盖之广是前所罕见的。随着《中华人民共和国国民经济和社会发展第十一个五年规划纲要》"推动实施农民体育健身工程"的提出，人文奥运进社区，促进了社区体育文化设施的建设。

（3）精神层面的融合

在中西方体育物质文化和制度文化的融合不断走向全面的过程中，随着思想的解放和观念的不断更新，中西方体育思想文化也开始了全面的交融，它以我国改革开放为背景，也是我国体育思想发展最快的阶段。从20世纪80年代开始，西方的体育思想和实践经验不断被介绍到我国，成为我国体育思想发展的重要资源。首先是终身体育思想的形成，其次是多维体育思想的形成，最后是体育产业观念的形成。在不同的外来体育思想引入之后，我国的体育思想内容日益丰富，具有时代特色的面貌。素质教育的实施、"健康第一"的教育思想、"以人为本"的人文主义都是中西方体育思想融合的结果。

体育的本质功能是教育、健身和娱乐，这是所有体育形态所共有的，是体育本身所固有的，也是其他任何一种社会现象无法替代的。至于其他社会功能，如政治、经济、文化、科技等只是借体育活动来达到某种目的，是体育的非本质功能，不是体育本身所固有的。北京奥运会是全方位发挥体育功能的大好机会，是体育大显身手的舞台，对我们全面理解和实践体育的多功能、增强感性知识有十分重要的作用，也是提高体育在人民心目中地位的一次最充分的展示。在"更快、更高、更强——更团结"的奥林匹克精神下，"友谊第一、比赛第二""内外合一"的中国传统体育思想逐步显示出它追求卓越、超越自我的一面。北京举办奥运会是在我国发扬奥林匹克精神的最好时机。奥林匹克精神的内涵十分丰富，它包含整个奥林匹克运动各种活动的全过程，集中体现为友谊、团结、和平、进步、公平、参与、民主与科学，等等。这些对于我国精神文明建设和国民整体素质的提高，以及我国运动员的奥林匹克意识和体育道德作风的提高起到了不可估量的作用。

第二章 高校体育文化

校园文化是社会主义精神文明在学校的体现，是一所学校独特的精神风貌，也是学生文明素养、道德情操的综合反映。校园文化建设反映了学校的综合办学水平，是培养具有创新精神和实践能力的高素质人才的内在要求。因此，倡导什么样的校园文化，始终是高等学校的一项重要研究课题。校园文化又是整个社会文化的一部分，是一种具有引导性的亚文化、一种特殊的社区文化、一种精神文化。从其构成上看，它是以物质条件为基础的载体文化和以人文为中心的人和社会精神文化的统一。校园文化活动的蓬勃开展，对于提高学生的人文道德素养，拓宽同学们的视野，培养一专多能的跨世纪、高层次的复合型人才具有深远意义。

第一节 校园体育文化的理论概括

一、校园体育文化的定义

（一）校园体育文化的概念

校园体育文化是校园文化和体育文化两者相互影响、融合、渗透、促进而发展起来的，是在一定社会政治、经济、文化、教育、体育等条件依托下，由学校广大师生在实践过程中共同创造的体育精神和财富的总和。校园体育文化有着深刻的内涵和丰富的外延。首先，它与校园德育、智育、美育文化等一起构成了校园文化群；其次，它又与竞技体育、群众体育等共同组成了广大的体育文化群。从广义上来讲，校园体育文化是学校广大师生员工在学校现存的环境中，在学校体育教育、学习和活动等过程中创造出来的物质与精神的所有内容。从狭义上来说，校园体育文化是指在学校教学环境下，以学生为主体，以教师为主导，在各种体育活动中相互作用创造出来的学校文化形态之一，包括体育精神、体育的价值观念、体育道德和体育能力，是学校这一特殊社区的体育群体意识。学校体育文化是一个内涵广泛、系统开放的文化形式。这个系统大致可以分为三个层面：第一层是精神层面，居于主导地位，其中体育健康价值观是学校体育文化的本质和核心，决定了它的目标；第二层是制度、方法层面，这个层面既是学校体育的组织形式，也是学校体育意识的体现，包括体育教学、课余体育活动、体育科学研究、体育竞赛、体育协会、体育交流等全方位制度、方法的确立；第三层是物质层面，是学校体育文化的基础，也是客观物质保障，包括校园的体育建筑、环境、场地、器材、用品和师资队伍等。以上三个层面在学校体育文化建设过程中，应当在"以人为本"的基础上获得协调发展。

（二）校园体育文化功能

1. 教育熏陶，促进学生身心全面发展

文化环境是一个使人不断接受新文化滋养、熏陶、装备的园地。校园体育文化是存在于学校这一特定环境中的体育文化形态。学校的体育教师，是拥有专门体育知识的人才，人类创造的体育文化以系统的知识形态经教师的传授，给学生以滋养，使他们掌握体育知识，认识体育的价值，逐渐地成熟起来。同时，文化是一种超个体的社会存在，它不依人的产生而产生。从个人的角度来看，文化首先是作为一种生活环境而先于个人存在的，人受其影响得到发展，通过从文化环境中吸取营养，潜移默化，接受熏陶，不断地追求培养人的可能和界限，促使人从"自然"到"文化"，从"现实"到"理想"的实现。

2. 强身愉情，增进学生身心健康

"健康应是在精神上、身体上以及社会上保持健全的状态"，这一世界卫生组织对健康提出的新概念，阐明了人的健康应包括身体和精神两个方面。身体健康包括良好的发育、正常的生理机能及承担负荷的适宜反应。校园体育文化中的行为文化即是以身体运动为基本的表现形式，由它所构成的体育锻炼过程，给予人体各器官系统以一定的强度和量的刺激，使机体在形态结构、生理机能等方面发生一系列适应性反应，从而对机体产生积极的影响并能有效地促进人们的身体健康。校园体育文化中的意识、行为、物质三个文化部分均能有助于人们的心理调节，满足师生员工对精神文化生活的需要。通过各种体育手段和方法，可以使人锻炼意志品质，催人奋发进取，培养集体观念，加强组织纪律，协调人际关系，消除精神烦恼，给人带来欢愉，使人的身心得到和谐、健康的发展。

二、校园体育文化的意义

校园文化是学校组织在教育管理过程中营造的具有各自特色的文化意识，包括学校的发展目标、价值观念、风格特点、传统习惯和规章制度等在内的有机整体。校园文化建设从多元化入手，立足于现实建设，着眼于长远发展，开展校园体育活动，使校园文化建设活动寓乐、美、学、文于一切健康有益的社会活动之中。用现代体育思想促进校园文化建设，以健全的组织文化构建凝聚群体意志和力量的团队精神，这对组织成员的创造力、凝聚力、组织效率的提高及组织目标的实现有着广泛深刻的影响和积极作用。

（一）校园文化的特点

1. 校园文化的整体性特点

就体育文化而言，它不是对单一的文化活动的描述，而是以深邃的大学传统为底蕴、先进的大学精神为理想，通过校风、学风等校园精神而弥漫在每一个学生心中的群体文化。在高校任何一种校园文化传播中从精神理念的设计到具体部门的实施，都需要教学、科研、管理、后勤等各部门的密切配合，群体协调。

2. 校园文化的实践性特点

校园文化既是一种文化理想，又是一个实践过程，不管是从学校层面、管理层面、教师教育层面还是学生层面，都存在继承、发扬、修正、完善的过程，因此是一个系统工程。体育文化的凝练和形成同样需要有针对性的工作部署与实践活动来实践、传播、运用、灌输与推广。

3. 校园文化的主体性特点

校园文化的主体是指与客体对象相对应的校园文化建设的承担者、执行者和受益者，包括学生、教师、管理人员等全部的校园人。课堂教学、课外活动、学术论坛、社团组织的各类活动、媒介宣传引导、各类的竞赛活动等，都需要学校教师、学生的主观能动意识得以充分发挥，共同建设美好精神家园。

（二）校园体育文化在校园文化建设中的作用

体育运动是体育文化发展的载体，也是一种社会文化需要。作为文化现象，体育有很强的教育功能，在校园文化建设中具有不可替代的特殊作用。

1. 高校体育具有教育效能，在校园文化建设中育德于乐

具思想性、学习性的体育活动是校园文化中的一种无形精神力量，体育活动和体育锻炼能在其过程中培养人、教育人、改造人，从而潜移默化地熏陶、感染每一个校园人；也加速校园人在政治素质、价值取向、知识技能、人格心理等方面的社会化进程，使学生在不同程度上产生完善自我、发展自我的心理需要，有效抑制与大学生要求不相符合的思想和行为。高校体育文化以其广泛的群众基础、突出的德育功能，提高了校园人热爱美、鉴赏美和表达美的能力，使高校形成具有鲜明特点的校园文化。

2. 高校体育具有凝聚效能，在校园文化建设中寓教于乐

青年学生是祖国的栋梁，必须引导青年学生努力拼搏、刻苦成才，发挥凝聚力和战斗堡垒作用。体育活动中的竞技运动正好凸显了为集体拼搏的竞争精神，是沟通感情的"桥梁"，是增进友谊的"纽带"，是凝聚人心、增进团结的"法宝"。实践证明，高校体育作为校园文化的一部分，激发人们产生认同感、使命感、自豪感和归宿感，合成巨大的内聚力，将个体目标整合为学校的总体目标。

3. 高校体育具有激励效能，在校园文化建设中励志于乐

开展积极向上的体育活动能够强有力地调动校园人的积极性、主动性和创造性，从而产生一种巨大的鼓舞人心的精神力量，形成学校活力。校园文化工作离开了体育工作就缺乏应有的生机和活力。我们在抓好教学与科研的同时，要注重以有效的体育活动相配合，鼓舞斗志，培养集体荣誉感。

4. 高校体育具有传播导向效能，在校园文化建设中获智于乐

学生在运动场中最容易传递真情实感，最容易赢得同场竞技者的喜爱和尊重，也最容易得到战友般的信任，并在"是对手更是朋友"的轻松氛围中建立新友谊。在运动中，校园人学到如何尊重自己和他人，如何实现合作，如何把握适度忍让和情感表达，"学会做人、学会学习、学会做事"，具有传播导向效能。高校体育活动能陶冶、感染、规范学生，为个体行为提供价值参考，使个体自觉地把组织目标视为自己的行为目标。

（三）应该采取怎样的措施来发展校园体育文化

1. 要树立科学的校园体育文化观

校园体育文化观是个人或社会对体育存在的意义和价值的认识或看法，可以说，校园体育文化观念的方向决定了校园体育文化的发展方向。校园体育文化的参与者应具备如下的校园体育文化观：校园体育文化是学校文化的重要组成部分，体育锻炼是科学、文明、健康的生活方式，应成为学校师生生活中不可缺少的内容。师生生活中不能缺少体育，娱乐离不开体育，健美更需要体育，体育是竞争、完善个性、体现人的价值的重要途径，也是强身健体、缓解学习疲劳和学习压力的重要手段。

2. 要转变教育思想观念

教育思想和教育观念的转变是校园体育文化建设的关键。教育目标、培养模式、体育课程设置、教学内容等各方面在深层次上无不受到教育思想、教育观念的支配和指导。要用新的思维、新的标准、新的目标去组建新的大学体育教育体系，塑造新的大学体育教育模式。在体育教学过程中，应强调技能与文化的自然渗透与融合。一方面，在教学中要增强对学生体育意识和健康意识的教育，培养学生自觉参与体育锻炼的兴趣和习惯；

另一方面，要把当前体育教育与终身体育教育有机地联系起来，使学生树立终身体育的意识。

3. 加强校园体育文化制度建设

校园体育文化制度是学校根据自身的特点，制定的包括学校颁布实施的涉及体育教学管理、运动竞赛管理、体育社团管理等各方面的规章制度。在加强校园体育文化制度建设的同时，要积极吸收学生的建议，使校园体育文化制度能够适合本校学生的实际状况，更大程度上激起学生共同参与建设校园体育文化的兴趣。

4. 加强课余体育俱乐部和运动队建设

课余体育俱乐部是广大学生自愿参与，以健身和康乐为目的组建的体育娱乐组织。成功的俱乐部及有特色的运动队对校园体育文化建设具有举足轻重的作用，常常会对师生员工产生巨大的凝聚力。

5. 实施"主体性教育"改变以往由学校主导并控制的校园体育文化

在校园体育文化的建设中，要充分提高学生的自主性、主动性和创造性，使校园体育文化成为学生自己的体育文化。

三、我国校园体育文化中存在的主要问题与对策研究

在素质教育发展的新阶段，我国高校均进行了独具特色的大学体育课堂教学活动，在课堂上，教师与学生之间通力合作，基本上已摆脱传统教学模式的束缚与影响。在提高和锻炼大学生身体素质的同时，着力摆脱陈旧的教学模式对大学生身体素质的束缚，提升高校学生的体育文化素养，在体育教学中培养学生正确的情感、态度和价值观，促进学生身心全面、协调、健康发展。

（一）我国高校体育专业发展中存在的问题

改革开放以前，我国的基础体育教育没有受到足够的重视，造成了各类高校的体育教育非常简单，体育教师资源短缺，常存在不上体育课的情况。缺少规范的体育教材、教学大纲，上课时主要是自由活动，形式单一，教师没有发挥很大的作用。随着教育改革的发展，增设了体育专业班，学习体育专业的学生迅速增加，但是这给学校在课程安排、师资力量的配备等方面带来了一些问题。

1. 扩大招生和生源质量存在矛盾

目前，每年高校的招生量大大增加，但是多数报考体育专业的学生在文化成绩方面比较弱，体育类的文化课的录取分数线较低，多数考生能如愿被录取。在这种情况下，一些根本不具备学习体育专业基本条件的考生为了升学也报考了这个专业，这就在很大

程度上降低了高校体育专业的生源质量，导致教学质量难以提高。因此，相关高校要认真对待体育教育，不能为了经济利益盲目扩招，更不能为了经济利益以牺牲学校生源质量和教育质量为代价。

2.迅速扩招引起了就业困难的问题

在我国，长期以来，高校体育专业一直实行着"统包统分"的就业制度。在这种制度下，我国高等院校的体育专业毕业生一直保持着较高的就业率。随着社会主义市场经济体制的不断推进，高等学校的招生数量急剧增长，院校的规模也在不断扩大，要求人才市场要加大对人力资源的调节力度，也就是说高校培养人才的进度要和人才市场吸纳人才的进度要一致。后来，教育部取消了关于高校毕业生的就业分配制度，所有的毕业生面向市场，由毕业生和企业进行双向选择。但是这一制度的颁布，使高校体育专业的毕业生感受到了巨大的就业压力，就业形势也不容乐观。有调查表明，各个城镇的大多数中小学体育教师已处于饱和状态，有的学校甚至超出了编制数量，真正缺少体育教师的地方是一些偏远、贫穷的乡村学校，毕业生大多数不愿去往这些地方，择业热情也较低。

3.课程层次类型不合理

目前，我国高校体育专业的课程层次类型多种多样，不同的学校有不同的分类方式，如多数高校将课程分为必修和选修两大层次，选修又根据细化的专业进行分类；还有一些学校将课程分为四个层次，分别是基础课程、专业基础课程、专业课和选修课。尽管课程层次类型体现了不同高校的教学特色，但是也在一定程度上限制了学生向多方面发展，也反映了一些课程分类后的无序性，甚至会与教育部规定的课程方案有较大差异。因此，有必要对体育专业的课程类型进行严格规范的系统划分。

（二）高校体育教学中体育文化的传承

1.转变教学观念，全面提高大学生的体育文化素养

体育文化素养就是指人们平时所习得的体育知识、技能，借此而形成的正确的体育认识、价值观，以及正确的待人处事态度和方式等的复合性整体。学生体育文化素养由体育知识、体育意识、体育技能、体育个性、体育品德、体育行为几方面的要素组成。体育知识是基础，体育意识是动力，体育技能是重点，体育个性是关键，体育品德是灵魂，体育行为是目标。高校体育要从"育体"向"育人"方向转变，从单纯追求学生的外在的技术水平和身体素质转变到追求学生的身体全面协调发展上，即打破以往的以运动技术传授为主线的教学体系，建立起以合理的运动实践为手段，全面完成增强体质，传授体育文化、培养学生终身从事体育健身的意识、能力及坚持体育锻炼的意志品质的统一

协调发展的教学新体系，为学生终身从事体育健身锻炼打下良好的基础。从素质教育的角度来讲，体育素养就是人们在先天自然因素（生理方面）基础上，通过环境与体育教育影响所产生的后天社会因素（精神方面）及其体育能力等品质相结合而形成的人的一种体育素质。传承文化的活动是人的创造性活动，人的素质的高低直接决定着文化发展的速度和水平。当代大学生作为传承体育文化的主力军，不仅要保存、传递人类历史的一切优秀体育文化，还要在继承、吸取的同时，通过选择、整合、实现综合创新，创造出与时俱进的先进文化。因此，要使学生能够真正承担起传承体育文化的历史责任，必须全面提高他们的体育素养，这是体育文化得以传承的保障。

2. 加强校园体育文化环境建设

在学生体育意识、体育价值观的形成过程中，文化环境的影响具有极为重要的作用。学校可在运动场地、区域竖上与该运动项目相关的宣传牌，包括该运动项目的中英文名、项目的简介、技术要领、锻炼作用以及注意点等。体育馆门厅两侧可布置上制作精美的宣传长廊，包括锻炼对身心的影响、合理营养、准备活动的要求和功能、各年龄段身体形态的正常值等内容，墙上还可布置上名人谈健身和体育的格言，等等。

3. 在体育教育模式中传承体育文化

（1）改革课外体育活动。首先，必须明确课外体育活动是体育课的延续和有效补充。课外体育活动必须有明确目的地给以辅导。不能仅局限于发放器材或监督活动时间，既要让学生对课堂上的理论技术进行充分实践，又要使学生获得必要的运动快感，还要与学生良好的运动习惯养成联系起来。其次，课外体育活动的形式可以多种多样。它可以是俱乐部的形式，也可以是学生的体育组织，如各类体育协会和社团组织等，还可以是体育知识专题讲座等，因为体育本身就异彩纷呈，所以活动形式也应当是缤纷多姿。

（2）改革课堂体育教学要提高学生的体育文化水平，必须突破传统的体育教学模式的束缚，营造轻松、活泼、欢乐的学习氛围，让学生在快乐的学习与锻炼中体验体育的乐趣，学会用运动锻炼身体增强体质。在教学组织上，以"活泼、自由、愉快"为主调。主张严密的课堂纪律与生动活泼的教学氛围相结合，强调信息的多向交流与教学环境的优化。要克服教学组织形式竞技化的倾向。教师向学生传递的应当是体育文化，而非单纯的竞技运动训练，应向学生重点传授体育锻炼的方法和如何培养良好的运动习惯等，为学生的终身体育打好基础。因此，现代体育教学方法应当是：完整系统的理论文化、知识传授与愉悦深刻的运动体验相结合；课堂教学与课外活动相结合，显性课程与隐性教育相结合，多管齐下散发渗透深刻影响，使学生的身心内外均能得到变化与提高。

（3）举办体育文化艺术节，加强体育文化之间的相互交流

在举办体育节时，其主要内容就以体育和健康为主，并将全校的师生看作参与主体，在融入一些竞技体育还有健身体育以及娱乐体育的同时，加入一些文化元素。应该说通过这种方式不仅能够进一步拓宽学生进行体育锻炼的时间，还能丰富其相应的内容及其实现形式，进而实现让学生能更多、更好地融入体育活动中来，真正地实现了集健身性、娱乐性、教学性等为一体，并能在调动学生自身积极性的同时，培养学生的自身兴趣以及自我个性。另外，通过这种方法也能有效地增强学生的体育意识在提高其自身体育能力的同时，为提供一个能够随时展现自己技艺以及才华的舞台。近些年来，我国部分高等院校开展和组织了一些体育文化节，不仅加大了学生同教师之间的体育交流，同时也有效地传播了体育价值观念，从而有效地激发了学生自身的体育兴趣。还有各大高校通过合理利用现阶段的体育资源，来组织以及承办各种相关的体育赛事，进而使得校园里的学生焕发了属于自己的青春，激涌出了那些令我们振奋的希望，并在丰富大学校园文化生活的同时，也进一步促进和推动了体育文化的建设。

4. 成立相应的体育俱乐部，并加大宣传力度

应该说，成立体育俱乐部，能够增强和提高学生自身的组织能力、领导能力还有社交能力。此外还能在培养学生自身体育精神的同时，拓展体育教学自身的延伸性以及连续性。在成立体育俱乐部过程中，还需要相关校领导加强重视，并倡导和调动学生积极有效地参与进来。进而在体育俱乐部开展活动过程中，能够在丰富体育文化自身内涵的同时，也能有效地拓宽学生自身的视野以及实践范围，从而促进校园文化部的整体发展。当然开展体育教学过程中，还需要我们不断地加大对体育文化的宣传力度，以调动学生参加体育活动的主动性以及积极性。例如，使用一些报刊或者橱窗来多做一些宣传海报；定期或者是不定期地进行宣传，从而在校园中努力地形成一种轻松、和谐的文化氛围；通过利用当前的一些网络软件来制作一些课件，并放到校园的局域网中，以方便学生浏览。这样能在调动学生自身积极性的同时，有效地增强他们的体育意识。

5. 对教学管理理念进行不断优化和改进，并不断地创新教学方法

在当前的一些高校体育教学过程中，为了能够更好地保证校园体育文化顺利开展，需要我们采取科学、合理的措施和手段来不断完善高校自身的体育制度，并通过使用规范化以及法制化的制度，来约束和制约校园内部所开展的体育活动。另外，需要我们对管理理念以及管理手段进行不断的创新和改进，并结合当前学校自身的实际情况，来因地制宜地采取相应的政策和办法，来做好体育教学工作，将体育文化自身的生命力还有时代特色呈现出来。此外，在高校开展体育教学过程中，所设置的课程内容，应该具有

持续性以及大众化的特点，以确保学生能够在体育教学中，积极主动地参与整个教学。应该说，在我国当前的体育教学过程中，比较流行的体育项目主要有游泳、网球还有羽毛球和体育舞蹈，等等。另外，在当前开展体育教学过程中，我们还应改变传统的教学模式以及课程设置。换言之就是改变以往在教学过程中只是在大一以及大二阶段开设体育课的情况。争取将体育课堂贯穿到大学四年当中来，并在开展教学过程中，依据学生自身的兴趣，来适当地增添一些课程。

随着新课改的发展，文化观念的转变，传统意义上的思想理念与文化形态均遭到持续性的影响与冲击。同时，大学生人文主义思潮也逐步被淡化，在大学体育课堂中，培育学生的人文理念与精神成为教学的一大任务。

四、奥林匹克精神文化对我国校园体育文化发展影响

（一）奥林匹克运动精神

在浩瀚的历史长河中，人类的体育活动丰富多彩。然而，从古至今在持续的时间、规模、影响以及所追求的崇高思想方面，几乎没有一种活动可以同奥林匹克运动相媲美。现代奥林匹克运动创始于1894年，是古希腊在奥林匹亚每四年举办一次的体育竞赛和文化盛会的延续。它不是一般的体育竞赛，而是一个以体育为载体的社会文化运动，一种有自己的哲学、理念、追求目标的社会文化运动。奥林匹克运动把自己的理念称为奥林匹克主义，并指出，这是一种"人生哲学"，旨在通过体育运动，增强人的体魄、意志和精神，使人获得全面、和谐的发展，进而建立一个尊重人的尊严和平的社会。现代奥林匹克运动是人类社会进入工业文明以后的一项伟大的社会实践，对人类文明的进步与发展产生了深远的影响。引导人们摆脱文化偏见，以博大胸怀认识和理解自己民族以外的事物，学会尊重其他民族，学习他们的优秀文化；在公平竞争中加强团结、增进友谊。奥林匹克精神体现的是社会和平，人的文明生活方式，它将体育运动作为实现人和谐发展的途径，是主导体育运动与教育、人性、社会文化发展相结合的崇高精神，是奥林匹克运动所具有的最珍贵的精神核心。奥林匹克精神不仅是古代奥林匹克运动产生和延绵不断的原动力，也是现代奥林匹克运动得以复兴的历史因由。奥林匹克精神是人类的一种向善、向美、向真的精神追求，体现了人类自强不息、永远向上的精神旨归。《奥林匹克宪章》明确指出了：奥林匹克精神就是在公平竞争的体育竞赛中促进不同种族、不同国家、不同信仰的人之间的相互了解、友谊和团结，它的本质内容包括参与、竞争、公正、友谊与奋斗，这些精神内涵的实质在奥林匹克运动的著名格言"更快、更高、更强——更团结"中得到了充分的体现。

（二）奥林匹克运动对中国现代体育的影响

奥林匹克运动需要中国传统民族体育。奥运会是世界上最具影响力和号召力的盛会，奥林匹克运动是一个跨国、跨文化、多元化的庞大的体育系统，它在倡导公平竞争的同时需要吸取不同的民族体育来充实和壮大自身。由于奥林匹克运动过于注重个体力量与"自我价值的彰显"，导致了兴奋剂、球场暴力等一系列弊端，中国传统民族体育的注重整体、自然、和谐的主张正好为奥林匹克运动注入一股清流，使奥林匹克运动系统更为完善。

契机——世界体育一体化、世界和平的需要。经济全球化加速了其他元素的全球化进程，其中自然也包括世界体育一体化。中国传统民族体育拥有悠久的历史与深厚的文化内涵，有着巨大的潜能和良好的发展前景，而奥林匹克运动是世界体育一体化的最典型代表，二者的融合与和谐发展能大大加快世界体育一体化的进程。奥林匹克运动还致力于世界的和平事业，在维护世界和平方面有着不可替代的作用。中华民族自古以来就是一个热爱和平的民族，中华人民共和国也在当今世界的和平维护事业中担任着重要的角色。中国传统民族体育与奥林匹克运动的和谐发展，符合中国的和谐社会建设，对世界的和平也有积极的意义。"只有民族的才是世界的。"现今世界上任何一项流行的体育项目，最初都是源于各国的民族体育，它们同样是在一定的地域受一定的文化逐渐形成的，后来随着经济发展、文化渗透而逐渐成为在世界上被广泛开展的世界性的运动，如日本的柔道、英国的击剑运动。发展中国民族传统体育不仅仅可以弘扬博大精深、源远流长的中国文化，更能挖掘和继承中华民族的优秀遗产。发展我国的民族传统体育，也可以使中华民族的传统体育全面走向世界，与世界的体育运动相交融，从而更好地促进国际体育文化的发展。中国民族传统体育要想走向世界并让世界接受，首先要让更多的人了解民族传统体育背后所蕴含的文化内涵。中国体育文化体现出的则是天人合一、崇尚和谐、恪守中道这些人文思想。人们从事体育的目的是健身、养生、益智，排斥激烈的对抗竞争。这些在太极拳、射箭、舞剑、棋类等中国民族传统体育项目中已有所体现。比如中国民族传统体育项目武术，它的民族性特征非常突出，讲究的是形神合一。外国人如果对中国文化及其精神不了解，就难以把握武术的奥妙和精髓，学习中国的武术就只不过是机械模仿。另外，由于我国国土面积幅员辽阔，而民族传统体育又是依存于某一地区特定的历史和文化背景存在的，因此我国的民族传统体育也具有一定的地域性与民族性。

（三）中国当代体育与奥林匹克运动

中华人民共和国的成立，为奥林匹克运动在中国的进一步发展提供了前所未有的机遇，在党和政府的高度重视下，群众体育和竞技体育得到了全面发展，奥林匹克宣传、教育与研究逐渐普及。这一阶段，是利用奥林匹克运动的项目、运动会形式、体育场馆和技术设施为中国人民服务，对奥林匹克运动的表层结构进行平等的改造和为我所用的阶段。而与奥林匹克运动的深层结构，如价值观、思想体系的融合尚未开始，与其中层结构即组织体系方面则存在着严重的对立。1979年中国恢复了与国际奥委会的正式关系，中国体育开始了全面走向世界的新历程。这一时期的中国当代体育以空前的规模全方位地同奥林匹克运动进行了接触、交流和融合，并取得了举世瞩目的巨大成就，从而使双方的关系进入了新的发展阶段。奥运会是世界体育运动的盛会，一直吸引着世界的注意。2008年北京奥运把北京和中国置于全世界所关注的地位，向全世界展示了北京和中国文明友好而鲜活的真实面貌。北京奥组委承诺保证为世界大家庭成员提供最好的体育场馆、最优美的环境、最方便的服务；保证办成"绿色奥运、人文奥运、科技奥运"而终获巨大成功令世界刮目相看。成功举办2008年奥运会，促进了我国群众体育与竞技体育的全面发展，促使中国成为真正的体育强国；促进我国与世界的体育合作和交流，不断提高全体国民整体素质，为世界体育事业的发展做出贡献。在奥运精神的鼓舞和五环旗的指引下，全体中华儿女的爱国主义精神和民族自豪感进一步增强，"更快、更高、更强"的口号将激励着中华民族自强不息、勇于进取；将极大地激发全国各族人民的爱国热情，促进我国改革开放和社会主义现代化建设事业快速发展。通过2008年的北京奥运会赋予了奥林匹克运动更多的中国民族传统体育文化的内涵，向全世界介绍了中国的体育文化思想，向西方国家展现了我国民族体育的魅力与神韵，将中国民族文化的博大精深展现在全世界人的面前。

（四）高校开展奥林匹克文化教育的意义

1. 促进大学生爱国主义精神的形成

奥林匹克运动有意识地采用一些突出国家外部标志的仪式，如奏国歌、升国旗等，这有助于增强以国家为单位的民族认同感，引发人们的爱国主义意识，从而增强民族凝聚力。奥林匹克运动以其独特的形式显示出一个国家和民族在世界上的地位和威望，大学生观看奥运会比赛与电视转播，使其不仅能够学习奥运健儿高超、娴熟的技术，学习他们顽强拼搏的精神，而且能增强其爱国主义情感。

2. 促进大学生人文素质的提高

受2008年北京奥林匹克运动会的影响，大学生比以往更加关注奥林匹克运动方面的知识。在"更快、更高、更强"格言的鼓励下，奥运会发生的许多感人肺腑的故事、趣闻使高校学生的心灵品质得以升华。奥林匹克运动关注人的存在与发展、自由与解放，认为竞技体育不仅是打造健壮的身体，而且培养身心和谐、完整健康的现代人格。可以说，只有人的个性真正得以丰富与发展，才能为真正意义上的生活方式的确立提供参照。在物质生活日益充裕的当下，权力和金钱的价值观严重地影响着大学生的生活方式，人文奥运可以说为大学生提供了反思的契机，也促进了其新的生活方式的养成。

3. 促进大学生树立正确的价值观

公平与公正，是奥林匹克运动向往光明、主张正义的体现，实质是人类对体育道德的追求，是对公平、正义等社会理想的向往。奥林匹克运动所崇尚的诚信公平的精神与我们当今社会的公平、社会法制的精神具有内在的一致性，奥林匹克运动所追求的"团结、友谊、和平、进步"的精神、"人的和谐发展"和"维护人的尊严"的精神也正是当今社会所提倡的，也是当今大学生所追求的。

4. 增强大学生的身心健康

奥林匹克运动中不断超越的体育精神，除了给大学生带来情感上的体验外，对培养青少年的情感、理想都有较好的促进作用，奥林匹克运动给大学生带了新的心理感受，即丰富情感世界、扩展心灵空间、强化生命体验。大学生在进行体育运动时，大多数都力求超越自身的生理极限，从而达到产生良好情感体验的目的，奥林匹克运动促进大学生身心健康，增强大学生参与体育锻炼的欲望和要求，使之养成终身体育锻炼的健康观。

5. 培养大学生团结合作的交际习惯

如今的大学生大部分都是独生子女，意志薄弱、追求时尚、性格独特、承受能力较弱并且缺乏进取精神。人际交往能力的欠缺，已经成为他们的通病。通过奥林匹克精神的教育，让学生了解奥运之星的故事，让他们在学习和生活中学会与人合作，与人友善交往。随着年龄的增长，大学生与父母相处的时间越来越少，而与同学朋友相处的时间越来越多，良好的人际交往影响着大学生的未来发展，而奥林匹克精神中强调团结友谊的原则可以促进他们良好人际关系的形成。奥林匹克运动会之所以能够得到全世界人民的关注，就是因为它选择了"体育"这个通用语言来推广，将"友谊、和平、进步"的思想通过其组织形式、参与方式在世界范围内进行传播，用以实现其教育的根本目的。现代奥林匹克运动会每四年举行一届，届时，世界各国人民会为了这个世界人民共同的节日欢聚一堂，为表现对其的重视，倡导者和组织者会充分发挥人类的智慧和创造力，对奥林匹克运动会的组织形式和表现形式进行设计，凝聚世界人民的目光。奥林匹克吉祥标志、圣火传递、点燃仪式、比赛场馆、赛会礼仪等均展现了人们对竞技运动的尊重和热情。世界各国为能够举办一次奥林匹克运动会而骄傲，可见人们对奥林匹克的重视。高校开展奥林匹克文化教育，使得大学生能够继承奥林匹克思想，了解奥林匹克运动中蕴含的精神，为奥林匹克的传播和可持续发展铺平道路。

（五）高校体育中开展奥林匹克文化教育的途径

1. 开设奥林匹克文化课为公共必修课，以学生为主体教师为主导

高校体育课作为公共必修课，必然能带动奥林克教育的发展，体育公共课成为奥林匹克教育最有效、最基本的途径。在新课程改革理念下，以学生为主体，教师注重教学运动技术的传授，同时高校教师应加强自身的奥林匹克文化知识的学习修养，这样才能在体育教学中运用自如，使学生了解奥林匹克博大精深的丰富内容，更好地感受奥林匹克的独特魅力，从而更好地体会奥林匹克的文化价值和教育意义。

2. 开展奥林匹克教育活动，丰富学生的业余文化生活

在高校奥林匹克教育活动中，必须加强体育教师对相关知识的培训与奥林匹克相关专题研究，这样学生才能在教师的主导下，开展课余奥林匹克教育活动。例如在高校通过开展"模拟奥运会""奥林匹克知识竞答""奥林匹克文化交流沙龙"等多种形式的奥林匹克教育活动，以弘扬奥林匹克精神，传播奥林匹克文化，吸引大学生认真学习奥林匹克知识，促使大学生业余时间参与到体育运动中去，促进奥林匹克精神在大学校园中的传播。

3. 营造奥林匹克气氛，推动校园文化建设

大学阶段的教育是大学生踏入社会前最重要的阶段，所以这个阶段的时光在学生心中是具有代表意义的，高校校园文化的开展，必然会促进大学生身心的发展，因此在校园中实施奥林匹克运动教育活动，对学生会有持久性的影响。如在校园中开展奥林匹克文化的相关讲座，定期开设奥林匹克学生夏令营，通过在校园里充分营造奥林匹克气氛，推动高校校园文化建设。

现代奥运创始人顾拜旦说过：奥林匹克运动的精髓是教育，教育是奥林匹克运动的出发点和归宿。北京奥运会全方位地体现和展现了综合国力，促进了国际文化大交流，因此，2008年北京奥运会对于全体中国人特别是对大学生来说，是接受奥林匹克教育的好机会，奥林匹克文化会不同程度地渗透到学校这个文化教育领域，进而会对学校体育教育产生潜在的影响。奥林匹克教育在高校教育中是一个重点教学内容，通过奥林匹克教育重视大学生主体的发展、终身体育意识的培养，使大学生身体、心理和精神得到更大程度的提高。奥林匹克运动正以其特有的丰厚的文化底蕴推动中国高校体育发展，同时，也必将为21世纪世界文化的交流与传播做出新的贡献。

他山之石：美国大学体育现状

大学体育的健康发展，不仅可以为国家培养优秀的运动员，还可以促进全民健身以及相关体育问题的研究。多年来，美国大学体育的发展一直注重竞技体育，使得美国的

竞技体育一直处于世界领先地位，我们可以充分借鉴美国大学体育教学的先进经验，取长补短，加快我国大学体育的发展。

1. 美国大学体育的现状

通过研究，我们发现美国的大学体育由娱乐体育和校际体育竞赛组成，其中娱乐体育以体育教学、校内体育竞赛、个人与集体的自由锻炼组成。另外，美国部分大学开设了体育必修课程，而另一部分未开设体育课程，却开设了娱乐体育课程。其体育课程教学以健身类内容为主，而我国的大学体育课程以竞技运动为主。

（1）大学体育的课程计划性强

美国大学的体育课程内容广泛，包括排球、篮球、足球、橄榄球、棒球等。美国大学体育的另一个特点是计划性强。大学生协会为美国大学体育课程教学提供了严谨而详细的计划，并且印刷了相关的手册。

（2）健全的组织领导机构

美国的校级体育竞赛已经开展了 100 多年，成为大学体育教育的重要组成部分。目前，全美大学体育竞赛是在体育协会的领导下进行的。美国大学开展体育竞赛除了让大学生接受高等教育，还是为了培养大学生顽强拼搏的精神，从而使其身心得到全面发展。为了促进大学体育竞赛的有效开展，美国大学专门聘请专职人员指导和监督大学体育竞赛的开展，根据相关协会规定对大学体育教学进行监控和督导。另外，美国大学的体育竞赛由学校组织，由学校举办，并且明确指明比赛场地，十分注重细节问题。这不仅可以激发大学体育教学的积极性，还可以促进大学生对体育的热爱。

（3）体育教学内容和课程设置完善

美国有些大学实行 2 年体育必修课，2 年选修课，但大部分美国高校只采用一年体育必修课，而部分学校没有体育课，只有体育俱乐部，由学生自发去锻炼。各州大学拥有自己的体育教学目标和计划，体育课程种类繁多，学生可以根据自己喜好进行选修，但部分大学对公开课进行了相关规定，主要指游泳课和健康课。另外，美国大学体育教学十分重视对运动技能的教授，开展各种类型的体育理论课。在教学内容上，让学生进行自主选择。教学内容十分丰富，包含几十个运动项目，主要分为竞技和健身，两者旗鼓相当，平分秋色。

2. 美国大学体育现状对我国的启示

（1）将我国大学体育的组织管理权授权给体育部

美国大学的体育教学的管理权基本由体育部掌握，大学体育部对大学各项体育活动进行独立和统一的管理，进而保证了体育活动举办的流畅性。为此，我国大学体育的组织管理权应该授权给体育部，让体育部进行单独管理。

（2）在课程设置上缩小体育教学的范围

在美国，体育教学活动范围不大，部分高校体育课甚至没有必修选修之分，没有对体育课程进行强制要求，将教学任务融汇到了体育活动中，为学生提供自由选课的机会。我国体育教学将体育课程教学进行了普及化，要求所有高校必须将所有体育活动采纳到体育课程教学中，加之我国高校招生扩张，学生数量激增，由于体育教学的范围过大导致学生没有进行体育锻炼的积极性。为此在大学体育课程设置上可以缩小体育教学的范围，不必开设体育必修课，允许学生自由选择；同时，让高校根据自己的实际情况，争取学生的意见，进行体育课程的安排，从而灵活开展多种多样的体育教学活动。

（3）建立健全的大学体育管理和组织制度

美国大学拥有各类俱乐部、健身中心等平台，建立了庞大的体育活动组织和管理机制，有效地开展了体育活动。而我国大学体育教学由于长期以体育课程教学为主，造成了课外体育活动没有有效开展，在课外体育教学过程中没有形成有效的组织和管理。为此，我国要在未来大学体育教学过程中建立健全大学体育管理和组织制度，来解决我国高校体育存在的问题，并且尝试建立俱乐部、健全健身中心等体育教学新方式。

如今的美国体育教学超出了大学体育的概念范畴，呈现了多元化和开放性的态势，美国大学体育打破了各类体育种类的界限，促进了大学体育的多形式发展。因此，我国可以充分借鉴美国大学体育教学的经验和方法，促进自身体育教学。

第二节　高校校园体育文化的理论概括

高校校园体育文化是高校校园文化的重要组成部分，是高校师生接触最为广泛的一种文化。大学生根据个人的爱好，开展以竞技体育、传统保健体育、现代健身体育和娱乐体育为内容的体育文化活动，不仅丰富了课余文化生活，而且营造了高校特有的校园体育文化氛围。加强高校校园体育文化建设，营造浓厚的校园体育文化氛围，全面提高高校的育人质量，有着深远的意义。

一、高校校园体育文化的定义

高等院校是我国文化积淀、发展和传承的主要社会载体，是知识形成、传播的主要社会场所，高等院校的改革与发展对我国经济、政治、文化的进步与发展有着深远的影响。高校校园体育文化以其特有的文化氛围于有形与无形中影响着广大师生。从发展的角度来看，良好的校园体育文化氛围能健身、健心，培养人的社会适应能力；从教育学的角度来看，良好的校园体育文化氛围能提高大学生的思想道德品质，培养良好的体育观念，提高其审美情趣，完善其心理特质；从教养角度来看，良好的校园体育文化氛围能教给大学生体育知识技能，培养他们的体育参与态度、动机、兴趣和良好的身体锻炼习惯；从社会学角度来看，良好的校园体育文化氛围能提高大学生的社会意识，促进他们的社会化，增强他们的交际能力和社会活动能力。

高校校园体育文化是在高校校园特定环境下产生的一种文化形态，是社会体育文化的一个分支。1974年，由国际体育名词术语委员会主席尼古·阿莱克赛博士牵头，编写出版了用六种文字写成的《体育运动词汇》一书，此书对"体育文化"做了如下定义："体育文化是广义文化的一个组成部分，它综合利用各种身体锻炼来提高人的生物学和精神潜力的运筹、规律、制度和物质设施。"

高校校园体育文化是校园文化与体育文化有机结合的产物，是高校师生在校园这一特定的环境中，为实现高校培养和造就合格人才的目标而实施、传播的与身心健康直接相关的以身体活动为主要载体的精神文化现象。高校校园体育文化作为高校校园文化的重要组成部分，对高校校园文化具有反作用；高校校园体育文化具有较高的品位和层次，是高校特有的富有校园文化气息和健康生活气息的大众文化，它是以师生的体育价值观为核心，以实施健康第一的高校体育目标为主要目的的，是以大学生群体为主体的体育行为方式、思维形式和活动方式，主要有校园体育课程、体育课外活动、体育艺术活动、校园体育竞赛活动、体育欣赏活动等具体表现方式和活动形式。一般来说，高校校园体育文化的内涵由三个部分组成，即高校体育精神文化层、高校体育制度文化层、高校体育物质文化层。精神文化层面处于主导地位，反映出高校体育文化行为准则、价值观念和意识等主要内容，体育健康价值观是其核心，持续渗透时间长，对学生影响久远，是一所高校向心力与凝聚力的象征；制度文化层面是联系两者的纽带，为物质层面更好地利用开发，精神层面更好地挖掘提供制度保障；物质文化层面是基础，是客观物质保障，它体现出高校体育文化的底蕴，对大学生身心健康发展起到"润物细无声"的滋润作用。高校校园体育文化的三个层面相互联系，相互促进，共同发展，缺一不可。

二、高校体育文化的现状及意义

随着人类的进步和发展，培养具有竞争、开拓意识和全面发展的复合型人才已成为高等学校教育发展的方向。体育作为高等教育的重要组成部分，更是素质教育的重要内容和手段，推进素质教育，发展学生的综合素质必须优先发展体育文化素养。

（一）现代大学生体育文化素养的现状分析

1. 体育知识贫乏，体育技能缺乏，体育行为被动

衡量大学生体育文化素养高低与否，其外露的显性指标体现在三个方面：体育知识、体育技能和体育行为。但对非体育专业的大学生进行的访谈调查发现，当代大学生体育文化素养与其所处的文化阶层是极不相符的，集中表现在体育知识贫乏、体育技能缺乏和体育行为被动。一些常识性的体育知识问答，常常令人啼笑皆非。对一些常见的伤害事故，比如"脚踝扭伤了，怎么办？"大多数学生由于缺乏基本的急救知识而只能选择直接上医院治疗。

2. 体育意识不高，体育个性不强，体育意志薄弱

随着《全民健身计划纲要》的实施，国家对社会体育和学校体育高度重视，人们的锻炼意识比从前已经有了长足的进步，校园体育文化活动也开展得风风火火，但大学生的体育参与意识依然不高，终身体育意识尚未形成，体育个性不强，体育意志薄弱。造成这种状况有以下三种原因：

（1）传统的应试教育体制制约了学生体育意识的形成，学校长期追求升学率的直接结果导致了对学生体育意识的培养盲区。

（2）受大环境社会趋势的影响，用人单位对人才素质的要求迫使学生不得不专注于学习而无暇顾及其他。

（3）体育设施、场地的条件限制以及教师的导向意识不够也是制约学生体育意识和体育个性的一个重要因素。

（二）培养大学生体育文化素养的途径

1. 借助课堂教学平台，刺激隐性因素发挥作用

大学生没有良好的体育个性，在一定程度上阻隔了大学生对体育知识和技能的追求。因而刺激隐性因素发挥作用，培养大学生的体育兴趣是关键。俗话说，"兴趣是最好的老师"。大学生一旦有了体育锻炼的兴趣，体育意识就会养成，同样也不用担心学生体育个性的形成和体育道德品质的问题。因而教师在课堂教学中，应该打破长期以来存在的以传授运动技术为单一模式的教学体系，建立以适当的运动技能传授为手段，努力激发学生体育锻炼兴趣为动力，培养大学生终身体育锻炼意识为最终目的的教学新体系。

目前很多高校的体育课依然坚持大一为身体素质教育课和大二为自主选项课的课程安排，但这种单一固定的教学内容安排让很多原本有着浓厚运动兴趣的大一学生苦恼不已。好不容易进入大二自主选项阶段，部分学生的体育热情在漫长而枯燥的跑跳训练中

已慢慢消退，长期下去，这非常不利于学生终身体育意识的养成。在具体的实践教学中，我们也慢慢总结出一个规律：大学生身体素质并不是仅靠公共体育课上的身体素质训练而得以提高和发展，这种专门传授运动技能以发展身体素质的效果往往是非常不明显的，而恰恰是学生在平时的体育锻炼过程中不知不觉中增强了自身的体质。总而言之，刺激体育文化素养的隐形因素发挥作用是关键，教师应该责无旁贷承地担起为学生的健康服务的神圣职责，充分利用好课堂教学这个平台，努力培养学生的体育兴趣，提高学生的体育文化素养。

2. 营造良好的校园体育文化氛围，使学生潜移默化接受体育知识与技能

大学生接受体育知识和技能，一方面来源于体育教师的课堂教学，另一方面来源于自身对体育知识和技能的关注。因而学校应该开展丰富多彩的课外体育活动，营造良好的校园体育文化氛围，让学生在潜移默化中接受基本的体育知识和技能。比如开展课外体育俱乐部、体育运动协会、体育专题知识讲座等各种活动，让全体学生有机会选择自己喜欢的项目，体验运动带来的快乐，在良好的体育文化环境中不知不觉地受到感染。一方面学到了体育知识，另一方面培养了体育兴趣。体育文化素养是人的基本素质的重要组成部分，在当前大力提倡素质教育的社会转型时期，培养大学生的体育文化素养不仅仅是高校体育教学的目标之一，同时也是高校体育改革所面临的社会责任。学生体育兴趣的激发和培养在一定程度上满足了终身体育的行为需求，在此基础上，教师一定要转变教学观念，多渠道地丰富学生的体育文化知识，同时借助社会体育的力量，让学生意识到提高体育文化素养不仅是个人素质的重要方面，更是大学生步入社会必备的精神品质之一。只有如此，大学生体育文化素养的提高才有了希望。

（三）高校践行体育文化的意义

高校校园体育文化是与高校师生密切相关的一种文化，是校园文化中一种特殊的文化现象，是高校校园文化的重要组成部分。意义主要体现在以下三个方面：

1. 丰富校园教师的体育文化生活

高校教师在教学中占有非常重要的地位，在教学中起着主导作用，教师的身心健康对于整个高校实际教学有着非常重要的影响。体育对促进身心健康有着极其重要而特殊的作用，本书通过针对高校教师的调查，总结出高校教师体育文化的现状，找出存在的问题，并有针对性地给予高校教师合理的建议，这对于促进高校教师身心健康的发展具有重要的意义。

2. 高校体育文化对大学生心理健康的积极影响

高校体育文化对大学生心理健康的积极影响主要有两条途径：第一，通过身心健康

的交互作用实现。身体锻炼是体育文化的重要内容，心理学家凯恩在1983年对1750名心理医生的调查显示，有80%认为身体锻炼是治疗抑郁症的有效手段，60%的人认为应将身体锻炼作为一个治疗手段来消除焦虑症。第二，高校体育文化通过精神层面上的熏陶和潜移默化实现对大学生心理的积极影响。学生通过在体育锻炼和竞赛中领悟体育精神，从而增强自我心理调节能力，培养良好的心理品质，克服人格缺陷，不断完善自我。

（1）高校体育文化有助于缓解大学生的人际关系敏感问题。高校体育教学、课余体育活动、体育竞赛、体育协会组织、对外体育交流是高校体育文化的重要组织形式。大学生在参与这些体育活动和体育组织过程中既要充分发挥自身特点，又要融入集体中相互协作，共同完成既定的目标和任务。在这一过程中，他们不得不学习如何处理与他人的关系，使各项活动顺利开展。在比赛当中，他们必须不断地交流沟通，局势有利或者同伴表现出色时，他们会用各种方式表示鼓励和认可；在出现失误、局势不利的关键时刻却能克制自己的不良情绪，做到相互理解和相互支持。这样，在参与运动过程中，大学生逐步形成了自信、自强、宽容、大度、尊重他人、不畏困难、敢于拼搏、遵守规则等心理品质和行为习惯。马塞等人在1971年的调查中就已经发现：长期从事体育运动，特别是集体对抗性项目运动，能够使内向性格者趋于外向化；同时，运动过程中能够有效提升运动者对外交流和沟通的能力，从而发展他们处理复杂人际关系的能力。

（2）高校体育文化有助于大学生准确评价自我，增强自我接纳和自我认同感。心理健康的大学生应该能对自己的能力、性格做出客观评价，了解自身长处和短处，明确自身存在的价值，能扬长避短、持续健康地发展自己的内在潜力，能主观上对自己的身体、思想和情感整体做出正确的评价。体育锻炼对于改善人的身体表象和身体自尊至关重要，身体表象障碍在大学生中是普遍存在的。特别是女生，倾向于高估她们的身高和低估她们的体重，而且，身体肥胖的个体更可能有身体表象和身体自尊方面的障碍。身体自尊主要包括一个人对自己运动能力的评价、对自己身体外貌（吸引力）的评价以及对自己身体的抵抗力和健康状况的评价。身体表象和身体自尊与整体自我概念有关，无论男生还是女生，对身体表象的不满意会使个体自尊变低（自尊指自我概念的积极程度），并产生不安全感和抑郁症状。有研究表明，肌肉力量与身体自尊、情绪稳定性、外向性格和自信心呈正相关，加强力量训练会使个体的自我概念显著增强。心理学的研究显示，人格的形成及其发展与人的活动密不可分。在体育锻炼的过程中，大学生是活动的主体，有利于思维活动和机体活动的紧密结合，从而促进人格的完善和发展。同时，学生既可以施展自己的才华，又能达到实现自我的心理满足，进而改变其整个心理状态。

（3）高校体育文化有助于大学生良好意志品质和个性心理的形成。意志品质是指一个人的自觉性、果断性、坚韧性和自制力以及勇敢顽强和独立主动的精神，是一个人行为特点的稳定因素的总和。体育锻炼不但要克服气候条件的变化、动作的难度或外部障碍等困难，还要克服如胆怯、疲劳及运动损伤等主观因素造成的困难；同时，还要遵守竞赛规则、制约和调控自己的个人行为，以有利于在竞赛中充分发挥自己的潜能。另外，通过体育文化活动表达团结、友谊、和平、进步等人类先进的思想和愿望，在合理规范的竞争中锻炼自己的品行，并在成功与失败、荣誉与耻辱、竞争与退让、个人与集体之间做出选择，在选择中表达出自己的人生观、世界观和价值观。总之，体育文化崇尚"更快、更高、更强"的奥林匹克精神，以"公开、公平、公正"为基本原则，通过高校体育文化培养和塑造大学生良好的个性心理具有显著的效果。

（4）高校体育文化有助于缓解大学生抑郁、焦虑、敌对、胆怯、强迫等心理症状。情绪状态的调控能力是衡量高校体育文化对心理健康影响的最主要指标，心理健康的大学生能够适度地表达和控制自己的情绪。高校体育文化对大学生心理的积极影响主要是以体育锻炼为表现形式和手段的，体育锻炼可以有效转移个体不愉快的意识、情绪和行为，使人从烦恼和痛苦中摆脱出来。体育锻炼之所以能够调节情绪，是因为参与者能体验到运动带来的愉快感觉。心理学家认为，适度负荷的体育锻炼能够促进人体释放一种多肽物质——内啡肽，它能使大脑皮层的兴奋和抑制得到调节，使神经系统的兴奋抑制的交替转换过程得到加强，从而使人产生良好的情绪状态。因此参加体育锻炼，尤其是参加那些自己喜爱和擅长的体育锻炼，可以使人从中得到乐趣，振奋精神。国内的研究资料表明，以有氧代谢为标准的中距离和长距离慢速跑、变速跑能够松弛紧张的情绪；集体项目，如球类活动，可以通过培养良好的协作精神和团队意识来抑郁焦虑；健美操、有氧韵律操等对焦虑有明显的作用。另外，麦克曼等人的研究表明，经常参加身体锻炼者的焦虑、抑郁、紧张和心理紊乱等消极的心理变量水平明显低于不参加身体锻炼者，而愉快等积极的心理变量水平则明显要高一些。

3. 促进高校校园文化的建设及发展

高校校园文化是以学生和教师为主体，以各种文化体育活动为主要内容，以校园为主要空间，以校园精神为主要特征的一种群体文化。它主要包括：以青年学生为代表的文化观念以及学生特有的思维特征、行为特征和方式；师生课余生活中一切以群体形式出现的文化体育活动，如诗社、棋牌俱乐部、文学社、武术、球类等社团活动，其中最能体现校园文化本质内容的是校园风气或校园精神。校园文化建设是学校育人工作的重要一环，它能促进整个学校的教育思想、教育管理、教育方法的变革，对于引导学生坚定正确的政治方向，提高思想道德素质，开发学生智力，增进学生身心健康，丰富文化生活，帮助他们树立和形成良好的审美观以及和谐的人际关系，促使学生产生积极的情感和创造意识，促进学生全面成才具有重大的意义。

目前国外高校体育文化建设普遍做得较好，这与其发展时间较长有较大关系。日本在第二次世界大战后经过三次课程改革，特别是进入20世纪90年代，"快乐体育""生涯体育"备受推崇，再加上高校体育俱乐部的蓬勃发展，其高校体育文化建设取得了长足进展。现在日本高校大学体育课程精神本着让学生体验以一名运动员的训练和精神风范的原则，在平时的体育运动中以提高学生身心和体质健康，提高各项体育比赛技能为目标，在平时要求学生按照运动员的训练强度来进行体育锻炼。有以下几个原则：遵守体育比赛规则、竭尽全力进行训练、团队合作与配合、尊敬他人（礼仪等）。在日本，大学有关体育制度分类如下：四种体育表彰制度，包括国际体育运动奖（代表日本参加国际比赛的个人或团体）、体育运动优秀奖（参加全日本比赛并且取得优秀成绩的个人或团体）、体育运动奖励奖、体育运动贡献奖（对地区、学校体育俱乐部做出特别贡献的个人或团体），此外还有体育特长生免考入学制度（其中笔试免考，直接进入技能和面试）、体育奖学金制度（对取得一定成绩的学生给予相应的奖金，额度各大学自定）。

在德国，体育活动是愉快、乐趣的同义词，公众参与体育活动非常普遍，每三个人中就有一个体育俱乐部成员，在这样浓厚的体育氛围的影响下，德国高校的体育文化建设搞得相当出色，几乎每个大学生都加入了体育俱乐部。高校体育与俱乐部关系密切成了德国高校体育的一大特色。德国大学生生活中不能缺少体育，娱乐中离不开体育，健美中需要体育，消费中也少不了体育，体育是竞争，是完善个性，是体现人的价值的重要途径，是保持健康、预防疾病、消除紧张和建立友情的重要手段。高校大可借鉴先进经验，取其精华去其糟粕，促进高校校园文化的建设及发展。

践行案例："阳光体育"背景下的高校校园体育文化

阳光体育指的是让学生在体育运动中体验到参与、理解、掌握以及创新运动的乐趣，从而激发学生参加运动的自觉性和主动性。在立足尊重学生在体育运动中的主体地位的同时，重视激发学生对体育运动的乐趣，并认为体育教学过程本身就是快乐、有吸引力的。

1. 阳光体育运动开展的背景

长期以来，学校的教育受到学科中心论的影响，学校的教育基本上就是围绕着以学科为中心，以课本为中心，以教师为中心的旧思想，严重地束缚了学生思想，阻碍了学生创造力的发挥，严重影响了学生的身心健康，违背了体育课程标准"健康第一"的教育理念。阳光体育运动推广以来，经过不断的尝试和改进，提高了学生对体育运动的兴趣和爱好以及独立锻炼身体的能力，学生在体育活动中获得愉快的享受，激发了其长期参加体育锻炼的愿望，为学生的未来发展提供舞台和空间，为终身坚持体育锻炼奠定基础。

2. 阳光体育运动的内涵

（1）阳光体育的实质是素质教育

阳光体育的实施必定促进素质教育的顺利开展，而素质教育的实施为阳光体育的开展提供了很大的平台，两者在一定程度上是相互促进的。素质教育在一定程度上要求学生摆脱课堂题海的束缚，使学生的身心得以充分放松，要用多种形式的教学方式代替以往的题海战术，这其中就是要求学生摆脱课本，多参加体育锻炼，要求学生每天都必须有一小时以上的活动时间。当然素质教育不仅仅是使学生参加体育锻炼，还是促进人的智力和体力充分自由地、主动活泼地发展，促进人的各方面才能和兴趣、特长的和谐统一的发展，同时包括人的道德水平、审美情操的发展。素质教育同样把教育工作的重点放在促进人的全面发展和综合素质的提高上，素质教育是对全面发展教育的完善。

这其中阳光体育进学校，成为素质教育的突破口，阳光体育的实施，关注的是学生身心健康的全面发展，其开展形式是多样化的，让学生在运动中享受阳光、体验参与、快乐。这不仅仅局限于平时的课堂教学，而是不限形式的多种体育运动，其更加注重学生参与的广泛性，参与的时效性，而且它的开展和实施不受场地的制约，使"要你参与"变成学生的"我要参与"，形成一种人人参与的良好氛围，在锻炼中增加了凝聚力，同学之间的团结协作精神大大增加，使学生的身心得到充分的放松，从而使学习效率大大提高。由此可见阳光体育的实施，成为学校素质教育的一大突破口，两者的实施在一定程度上是相互促进的。

（2）阳光体育以学校体育为主阵地

阳光体育的实施的形式是多样化的，而现在的学校体育还是仅局限于《体育与健康课程标准》的教学内容，而且传统学校体育的教学容易形成"放羊式教学"的恶性循环，阳光体育从某种程度上来讲也是"放羊式教学"的缩影，但是它提倡的是人人都参与、都运动的"放羊式教学"，所以阳光体育的实施使学校体育改革有了更明确的目标。我们所谓的好的体育教学不再是大家都参与同一种活动、统一指挥的"大合唱"，而是不受场地、空间限制，人人都参与自己所喜欢的多种形式的体育活动，还有了充足的时间做保证，让学生真正地"玩个够"。阳光体育所关注的是学生的参与性，学生的参与广泛了，很多平时不愿意活动、专业素质好的学生就会脱颖而出，这也会给学校体育专业队选拔人才带来很多的机会。学生在参与的过程中，锻炼了自己的思想品质，养成了吃苦耐劳的精神，培养了团结协作的精神，这正是学校体育所提倡的。阳光体育注重的是学生参与的广泛性，这不仅仅是学生的参与，也会带动老师的参与，师生在互动的活动中加强了交流，增进了感情，从而为创建良好的师生关系搭建了很好的平台。

（3）阳光体育为终身体育奠定基础

终身体育是 20 世纪 90 年代以来体育的改革和发展中提出的一个新概念。终身体育，是指一个人终身进行身体锻炼和接受体育教育。终身体育的含义包括两个方面的内容：一是指人从生命开始至生命结束都学习与参加身体锻炼，使终身有明确的目的性，使体育成为人一生生活中始终不可缺少的重要内容；二是在终身体育思想的指导下，以体育的体系化、整体化为目标，为人在不同时期、不同生活领域中提供参加体育活动机会的实践过程。简言之，终身体育就是终身锻炼。阳光体育所提倡的是全员参与、有足够的时间保证的体育活动，因此它的出现在很大程度上，使学生参加运动和掌握运动技能有了足够的时间保障。学生在参与的过程中得到了快乐、释放了身心、锻炼了身体、养成了习惯。任何一种行为都需要兴趣的指引，阳光体育让学生在运动中得到快乐，在快乐中锻炼身体，在参与中学会了运动技能。锻炼习惯的养成为终身体育的发展奠定了良好的基础。

（4）阳光体育强健现代学生的体质

阳光体育的指导思想就是全员参与、师生互动。运动过程中不仅增进了友谊，学生还会在运动参与过程中增强自己的体质。随着现代生活水平的提高，餐饮的多样化和学生饮食的单一化形成了明显的对比，生活质量的提高，运动时间的减少，网络游戏成了运动的替代品，大大减少了学生的运动时间，慢慢地肥胖学生的增多成了校园的一道"亮丽的景观"，因此学生的体质也在慢慢减退。阳光体育的实施，使学生有了足够的运动，而且随着时间的推移，学生也会在运动中找到参与的快乐，习惯成自然，学生的体质就会在运动中慢慢地得到改善。

3. 阳光体育运动有效开展的条件

（1）阳关体育课是阳光体育开展的基石

在阳光体育开展得轰轰烈烈的时候，体育课是学习与活动的原动力，也是基本的理论基础。只有在体育课上，对学生的基本运动技能、基本技术讲到了，让学生有了乐趣的体验，激发了学生进一步对健康的根本追求，让学生从心里喜欢上运动，热爱健康，热爱生命，才能使学生更自觉积极主动地投入其他活动之中。教师的教不能代替学生的学，学生是学习的主人，激发他们学习的欲望，教给他们学习的方法，开发他们的智力，促使他们能积极主动地开展学习，使课堂教学真正成为师生共同参与，共同研讨的教学过程，从而促使学生整体素质的提高，这是我们每个教学工作者共同追求的目标。只有抓好最基本的体育课，让学生真正地热爱体育，真正地愿意参与到体育活动中来，才能使学生体会到体育活动的真正乐趣，让学生感受到健康的重要性。

（2）兴趣是阳光体育全面开展的导火线

浓厚的学习兴趣能调动学生的学习积极性，促使大脑处于高度兴奋，造成获取知识、探究未知的最佳心态，进一步激发学生的积极性。兴趣是促使学生主动参与运动的前提。兴趣的激发和培养可以使学生积极主动地参与到体育运动中来，这种快乐的情绪可以进行延续甚至是感染，使学生不管是在体育课堂上还是在课间或课外活动都能充分地发挥个人的主观能动性，积极地开展阳光体育活动。

（3）阳光教师是阳光体育运动的传播者

阳光的教育成就学生的全面发展。阳光教师是使阳光体育运动广泛开展的传播者。阳光教师能使自己积极、乐观的生活态度去感染学生，用爱心为学生构建阳光的班级氛围，让学生能健康快乐地成长。阳光教师会教育学生用美好的心灵看待世界，用顽强的意志面对挫折，用积极的态度面对生活，鼓励学生积极参与学校的各类体育活动，即使在学习很忙碌的时候仍要坚持体育运动，保持身体健康，这些活动为学生成为社会所需要的综合性人才打下了基础。

（4）学校、家庭、社会的有效结合使阳光体育运动得到深化

对于一个学生的成长，简单的个体主动参与和学校的教育，只是其中的一部分，家庭社会的支持也起了重要的作用。只有把三者有效地结合起来，才能使阳光体育运动更好地开展。针对我国特殊的国情，学生多、器材少、场地小的特点，要想使体育运动得到开展，就必须首先得到家长的支持。由于受我国长时间的旧教育体制以及升学压力的影响，家长只知道让孩子学习好语数外，死学习，忽视了学生的健康以及全面的发展。教师有义务对家长进行教育指导，使其转变观念，关注学生的全面发展，积极配合学校开展阳光体育运动。学生得到了家校的共同支持，就有更多的自由支配时间来进行体育运动。社会的支持很重要。媒体的正面宣传和导向可以使学生、家长、社会对开展阳光体育运动有个正确认识，在提高学生锻炼的因素中起到催化剂的作用。例如，我国2008年承办奥运会，使全民对体育有了更多的了解，在这样的氛围中，学生对体育锻炼的兴趣自然就得到了提高。

4. 如何开展好学校的"阳光体育"

（1）加强对阳光体育运动的认识

把开展阳光体育活动作为教学常规，学校要组织各部门认真学习《教育部关于学习贯彻〈中共中央国务院关于加强青少年体育增强青少年体质的意见〉的通知》《教育部国家体育总局共青团中央关于开展全国亿万学生阳光体育运动的决定》文件，进一步提高认识，转变观念，从根本上认识到提高学生体质健康水平的重要性，特别要注重对学

生的健康教育，使学生在思想上正确认识到健康的重要性，培养他们自觉参加体育锻炼的意识。

（2）加强对阳光体育运动的大力宣传和推广

体育本身是一种文化，更是一种精神。因此要加大学校体育工作的宣传力度，营造有利于学校实施素质教育，开展阳光体育活动的氛围。要制订详细的宣传计划，学校要充分利用校园广播室、宣传栏、报栏、电子阅览室等各种宣传途径，开设专栏，大力宣传阳光体育运动，广泛传播健康的思想理念，使"每天锻炼1小时，健康工作50年，幸福生活一辈子"的健康理念深入人心，唤起学校师生对健康关注，对阳光体育运动的关注，引导广大学生自觉走向操场，走到阳光下，走到大自然中，感受阳光体育运动的魅力，要特别注意宣传参加阳光体育运动的先进个人和先进集体，以他们为榜样，带动更多的学生和班级参与到阳光体育活动中。

（3）阳光体育运动以体育课教学为基本平台，以课外活动为保证

学校在继续执行国家关于每周2~4节体育课的基础上，做好体育课的常规教学工作，开展好体育教学活动，更新教学理念，实施新课改方案。同时，还要进行丰富多彩的课外活动。譬如，25~30分钟的大课间活动、运动会、校园健身操、跳长绳、篮球联赛、乒乓球赛、拔河比赛等。利用这些大型的课外活动，培养学生运动健身的理念，激发他们的户外活动和体育锻炼的兴趣。体育教研组、各班级制订出计划，争取做到"人人有项目，班班有安排，月月有比赛"，从而使更多的学生加入到阳光体育运动中来。

（4）合理安排好课外活动时间

①每天组织住校生早锻炼，内容以班级为单位跑操，建议走读生每天走或跑步上、放学。

②每天上午组织一次课间操，要求跑步进退场。

③每个年级每周2~4节体育课，组织好各年级每周2节课外活动。活动课时间要科学安排，与当天体育课错开。

（5）开展阳光体育运动究竟要以什么为标准

开展阳光体育运动要以全面实施《学生体质健康标准》为基础，建立和完善《学生体质健康标准》测试结果记录体系，测试成绩要记入小学生成长记录或学生素质报告书，初中以上学生要记入学生档案，并作为毕业、升学的重要依据。这样的体育、这样的阳光，不管在表面上，还是在实质上，都是会让学生、让家长、让老师更加放心，更加肯定吧。

（6）阳光体育运动必须做好安全教育工作

体育活动的目的就是促进健康、增强体质，如果在活动中发生了伤害事故，就违背

了体育锻炼的宗旨，因此在组织学生活动过程中应特别注意安全。

①要经常检查场地、器材，发现不安全因素要及时采取措施。检查场地和跑道是否平整无坚硬杂物，单、双杠、组合器械是否牢固等。

②要教育学生遵守运动安全的要求，加强自我安全保护，锻炼时要穿运动鞋，禁止将别针、小刀等尖锐锋利物品放在衣服口袋里以免发生伤害事故。

③要做好准备活动和整理运动。准备活动可以提高人大脑皮层神经细胞的兴奋性，协调各器官系统的工作，为参加剧烈运动做好准备；活动结束时，应组织学生做好整理、放松运动，可使人恢复平静，消除疲劳，使紧张的人体机能放松。

总之，开展这项活动，是一个系统工程，要求学生、家长、教师、社会的协调配合，学校统一安排，力争为学生的健康成长创造一个平台。

第三节 高校体育文化的结构与内容

近年来高校校园文化研究与建设热潮日益高涨，这是高校进入自主发展、自我发展的新阶段后，在市场经济、全球化、信息化、环境化与可持续发展的背景下，从文化发展上对学校进行自主特色定位的体现。但是，由于文化概念的广泛性，对校园体育文化存在众多不同的理解，特别是不加区分地罗列校园体育文化的层次和校园体育文化现象，这既无助于认识深化，也给校园体育文化建设的具体实践带来了操作上的困难。因为现实的校园体育文化是开放的、立体的、丰富多彩的，我们必须按照校园体育文化结构要素间的内在逻辑关系，从不同的视角加以考察，并立体地把握校园体育文化，才是认识校园体育文化层次结构的基本原则。

一、校园体育文化主体形态的层次结构

人是校园体育文化的主体，同时也是其主要载体，是活力最强的校园体育文化的构成要素。校园体育文化的构建应首先着眼于人，它的核心问题是人力资源的开发、管理和利用，它既包括校园成员的体育文化水平、体育道德、体育观念、体育态度、语言艺术、体育教师的业务能力、科学化训练水平、学生的运动水平、运动成绩、健身水平、服饰内容和体育运动中的人际关系等素质的教育与培训、体育作风的培养、主体体育精神的树立与发挥，从整体上提高校园成员的素养与水平，也包括学校体育精神的宣传、灌输和渗透，更包括充分发挥以名师名生为代表的群体在校园体育文化建设中的主体作用、

榜样作用和示范作用，充分给予他们在教学、科研、训练、健身过程中展示个人魅力的机会和时空。校园体育文化的形成、发展和特色的定型根本上是主体的结果，是高校全体师生员工共同的主观追求、设计与创新。但是由于学校内不同群体的身份、角色不同，因此从主体方面来考察，校园体育文化客观上存在干部体育文化、教师体育文化、学生体育文化有区别的三个层次。学生体育文化是校园体育文化的最表面、最活跃的层次，教师体育文化处在稳定的中间层，是校园体育文化的主导方面，干部体育文化以学校决策管理层为代表，是校园体育文化整体自觉发展、主动创新的重要动力。

（一）干部教育文化

干部体育文化的主体主要是学校的决策层、高校二级管理单位的领导集体以及系部的领导集体。他们的办学理念和教育思想，以及能否目光敏锐地站在时代潮流的前沿，通常是加速或延缓学校发展的决定因素，对校园体育文化的形成与传播发挥巨大的影响。正如有学者指出，一个好领导等于一所好学校。学校领导集体对校园体育文化有预见的倡导和长期培育是形成特色鲜明的校园体育文化的重要源泉，他们对各种社会文化思潮的态度，会极大地左右学校跨文化交流的方式与内容，影响校园体育文化继承民族传统体育、吸收世界体育文明及创新的进程。学校领导集体尤其担负着学校政治文化、道德文化与健康文化建设的重要责任，在代表先进体育文化的发展方向、管理宽度上应做出更多的努力。

（二）教师体育文化

教师体育文化的主体是高校的教师、科研人员、职工以及离退休人员。他们是一所高校社会地位和声誉的决定因素，也是教学、科研、训练、健身和社会服务的主角，更是体育文化的主导力量。一方面教师的体育思想道德、体育文化修养、学术抱负及生活态度，一言一行无不对大学生产生着深远的影响；另一方面教师在教学、科研、训练、健身和社会服务中的活动，也影响着学校领导层的决策，在校园体育文化活动中应充分发挥教师的文化主体作用。目前教师在校园体育文化建设中的主导作用还没有被普遍自觉地重视，教职工和其他职工的体育文化潜力更未被重视，但他们却是积极进行健身活动的主力军。

（三）学生体育文化

学生体育文化的主体是学校各办学层次的所有学生。学生在学校的主要任务是在教师、科研人员、管理人员和退休人员的指导和影响下，通过学习获取知识、运动技能与健身方法，提高身心素养。在教师的指导和影响下进行体育活动，是学生体育文化的一个重要特点。学生体育文化是最丰富多彩和形式多样的，它表现在教学、科研、社团、文艺、俱乐部、课外活动、娱乐活动、野外活动、健身活动、社会实践活动、体育文化节、体育周、体育比赛、运动队训练、讲座、竞赛、讨论、宣传、演讲、网络、多媒体等学校的一切方面。正因为学生体育文化的表现人多面广，因此很多人就把校园体育文化局限在学生体育文化层次。由于大学生思想观念中固有的东西少，较少条条框框的束缚，容易接受新东西、新思维、新事物、新观念，同时他们也往往是各种文化传播的重点对象，所以学生体育文化经常是高校跨文化交流的最前沿和最活跃的部分，并成为校园体育文化中文化冲突的焦点。

二、高校校园体育文化质态层次结构

（一）校园体育精神文化

从生命哲学的视野看，只有精神活动才是人的生命活动的最高形式，因而也只有精神文化才真正表现出文化的生命特征。学校文化本质上是学生进行生命交流的过程，而不是孤立存在的运动过程。校园体育精神文化是在校园中由师生长期创造的特定的一种精神财富和文化氛围。它主要以体育思想观念体系和价值体系表现出来。精神文化包括身体观、健康观、运动观、体育观、审美观、道德观、人际关系、体育意识、体育思想观念、价值取向、实践能力等，从深层影响着全体师生员工的思想、理想、信仰、意志、态度、情感及行为，具有深刻的哲理内涵和浓浓的人情味。要创设那种潜伏、弥漫、浸染于整个校园并体现学校深层目的的精神氛围，来养成全体师生员工具有持久效应的思维、态度、情感及行为方式。校园体育精神文化是赋予学校以生命、活力并反映学校体育历史传统、办学特色、体育精神风貌的一种学校体育精神形态，每一所学校都有自己的校园体育文化，但并不一定每一所学校都形成或凝聚起自己独具特色的学校体育精神。学校体育精神是校园体育文化的核心和灵魂，这强大的影响力、感染力渗透学校体育的方方面面，就成为凝聚全体师生员工共同奋斗的精神动力。如清华体育，源远流长。体育传统的形成与保持源自校方及体育教师的重视提倡和悉心指导，其思想根源在于清华教育者"健全人格"的教育思想和忧国忧民的爱国之心。

（二）校园体育艺术文化

1. 体育艺术文化的内涵

体育艺术文化既不同于体育物质文化，也不同于体育精神文化，它处于二者中间。在历史文化发展的长河中，体育与艺术在各自的发展中相互间不断地靠近、接近与融合，出现了一个体育与艺术相互渗透的广阔领域。苏联学者莫·卡冈说："在最远古代时代体育运动对艺术文化的影响仅限于舞蹈的范围内，再晚些时候体育运动——艺术的混合性成了杂技艺术的基础。现在体育运动和艺术文化的影响愈益广泛和多样。这也是可以理解的——因为在今天，体育运动取得了这样的群众性，这样牢牢地进入了每个人的日常生活——作为早操、生产操、中学和高等学校里的体育课，群众体育团体的工作的形式，最后还以在露天或卫视转播节目中观看的表演形式进入每个人的日常生活。当然体育技术同物质生产技术一起要求当代艺术掌握它的资源，以使艺术语言尽可能与当代人的世界观相符。由此产生了这种新的——而且在短时间内成为如此普及的——艺术品种，如艺术体操、花样滑冰、冰上芭蕾、花样游泳、群众体育检阅节。"因此有学者曾预言，未来体育的发展将走向艺术体育。苏珊·朗格曾指出：当今艺术的边界已变得越来越模糊，连体育也有重返艺术的迹象。已退休的奥委会主席萨马兰奇曾经说过："我们把体育与艺术看作是一回事，艺术和体育就是我们奥林匹克的定义。"今天人们观赏不同形式的体育比赛，运动者的优美动作既可作为"流动的艺术品"供人视觉观赏，在他们的动作中表现出来的拼搏进取、公平竞争、即兴创新动作等又作为"物质中的思维"和爱国主义与个性的张扬联系起来。他们这种具有双重意义的表演难于用其他符号表达，故它应该隶属于体育艺术文化体系。

2. 体育艺术文化的主要内容

校园体育艺术文化主要包括以下内容：

（1）体育绘画；

（2）体育雕塑；

（3）体育建筑艺术；

（4）体育表演艺术；

（5）体育欣赏。

体育表演艺术——体育表演有两种含义，一是在校园体育活动中通过体育动作表现自己的美，提高对美的表现把握能力，它是美育的重要内容。二是观看别人表演，提高自己欣赏美的水平。体育欣赏——观赏体育比赛是陶冶学生情操，培养学生热爱体育活动的重要方式。这些比赛所表现出来的高超运动技巧和拼搏精神特别适合发泄观众的感情，这是任何表演所难以达到的。学生在从事体育活动时，有时会产生一种"尽善尽美"的追求，这和艺术的追求是很相似的，从体育中产生的"身心一致""天人合一""返璞归真""融于自然"等体验具有其他体验难以比拟的特点。

现代生活中体育与艺术或艺术与体育的广泛融合现象，是体育游离实用中心向着艺术逐渐推移，艺术游离审美中心向着生活实践领域（包括体育运动）逐渐推移，双向互动、动态生成的结果，是文化发展史内部方向相对、作用不同的两种历史性律动形式相辅相成的结果。

3. 校园体育制度文化

校园体育制度文化主要指以文字形态表达的学校体育的规章制度及固定的体制所体现的文化，如学校制定的体育章程、条例、规定、办法、公约、实施细则等制度以及办学目标、校训、教风、学风等，它们保证学校秩序的正常运行，规范着学校成员的行为、态度和作风，倡导与校园体育精神文化的价值观、健康观、审美观一致的学校体育风气，是体育精神文化在学校各个方面管理上的体现。先进的校园体育文化精神如果不能通过一定的制度及相应的机制表达出来，就难以转化成客观的体育文化存在，形成不了新的体育文化风尚，就起不到推动校园体育文化进步的作用。当新的校园体育精神文化转化到制度上时，既标志着先进的校园体育精神文化的有效传播，又标志着校园体育文化创新的落实。一所高校包括体育制度创新在内的体育教育创新，本质上是体育文化创新。当前，经济发展和社会进步已极大地改变了当代高校师生的价值观念、健康观念，相对来说高校现行的部分体育规章制度还落后于时代前进的脚步，成为阻碍高校体育发展、影响人才培养质量的最大阻碍。在当前的高校体育改革中，制度创新是推动高校体育发展、建设高校校园体育文化的途径。同时，体育制度创新是体育创新的重要内容，没有不断的体育制度创新就不会有体育体制改革的真正深化。

4. 校园体育物质文化

校园体育物质文化以实物形态表现出来，主要指学校的体育建筑、生活设施、校园教学环境、自然生态环境等。人生活在一定的自然环境中，总是力图对自己周围的环境客体做全面认识和综合解释，这就是环境知觉。在环境知觉的指导下，人在空间中进行各种各样的身体活动，空间慢慢地与各种各样的身体活动发生联系，产生了意义。人出于对自然、社会和自身的理解，对分化的空间做出自觉的安排和使用，就是空间设计。空间设计的直接结果，就是形成各种各样的体育物质文化。它们既是校园体育文化活动的物质保障，又在一定程度上制约校园体育文化的规模甚至质量。体育物质文化处于精神文化、制度文化的外层，一方面是因为在校园的整体布局、校园建筑结构风格、校园自然生态环境等物质建设上，积淀着师生的审美价值；另一方面是否自觉接受先进体育精神文化的指导，校园体育物质形态上所承载的体育文化含义是有很大不同的。在校园的体育物质设施建设上，通常凝聚了一定时代学校全体师生的体育文化思考，是最直观区别高校有无体育文化内涵的特征之一。优秀的校园体育物质文化是丰富和升华校园体育文化生活，表现一所学校的独特气质和风格以及良好社会形象不可缺少的内容，反之，不重视校园体育物质文化，不仅影响体育教学、科研、训练、健身活动的开展，而且不利于学生素质的全面发展和终身体育的养成。因此著名学府都非常重视学校体育建筑风格、整体布局和校园生态环境的建设。

校园体育物质文化是一种特殊的物质文化形态，其独特之处就在于校园是专门的育人场所，育人的意向性要求是其本身包含丰富的教育意义与教育价值。校园体育物质文化积淀着历史、传统、体育文化和社会价值，蕴含着巨大的潜在体育教育意义。学生不仅通过体育物质文化掌握一定群体的环境知觉，而且同时从体育物质文化中领会特定体育文化的空间设计，态度、情感、健康观和价值观受到潜移默化的影响。

5. 校园体育行为文化

校园体育行为文化包括校园内人们的日常言行和开展的教学性、学术性、各种健身活动、各种娱乐性活动、体育消费、体育时间和空间利用等。校园体育行为文化主要通过师生的身体活动形态表现出来，是学校日常生活中人们最经常表达情感、态度，最直接感受的活的体育文化形态，它与上述四个层次的校园体育文化有很大不同。相对于体育行为文化来说，上述四个层次的校园体育文化便有了资源性或环境性的作用，从内部支撑着校园体育行为文化，并形成高校跨文化交流的活跃"界面"。由于校园体育行为文化处于校园体育文化的外层，因此它比内层文化更具开放性、更加多元化与生活化。校园体育行为文化一方面要受支撑它的内层文化的影响和支配，另一方面又接受体育艺术文化和社会大众文化的影响，对内层文化有反作用，它总是在承受现在的内层文化的基础上又对内层体育文化有所改变。校园体育文化正是内外层文化这种承受与改变的交互活动过程的产物，不断在各层次间内在的矛盾运动中获得发展动力。

三、校园体育文化中职能形态的层次结构

在校园体育文化中文化信息的传递通常由于学校不同部门的分工而有了职能的特征，从而使文化渗透影响的方式出现差异。按照职能特征，校园体育文化可分为体育决策管理文化和体育教学、学术、训练、健身文化及体育生活娱乐文化三个层次。

（一）体育决策管理文化

体育决策管理文化是指学校体育决策与管理的理念，以及相应的制度、方式、结构、原则与行为等。不同理念、结构、制度、方式、原则与行为下形成的决策与管理，反映出来的体育价值观念与体育文化意义是完全不同的，对校园体育文化的形成、发展的结果也是完全不一样的。透过学校的决策与管理，人们可以清晰地感受到一所学校体育文化的品位。因此从职能上来说，决策管理文化不仅是一个独立的校园体育文化层次，而且居于校园体育文化的中心枢纽地位。

（二）体育教学、学术、训练、健身文化

体育教学、学术、训练、健身文化是在教学、科研、训练与健身行为、结果和制度上积淀起来的文化。体育教学、学术、训练与健身文化是校园体育文化的主要内容，也是高校体育文化区别于其他文化的重要特征。体育教学、学术、训练与健身文化是校园体育文化的关键层次和建设主题，良好的体育教学、学术、训练与健身文化对于高校提高办学层次、办学水平与保证办学质量都是必要的条件之一。当体育教师视自己的学术生命为第一要务时，学术抱负就转化为强大的体育精神动力，求真敬业的良好教风、训练作风与健康第一的形成自然水到渠成；当创新教育蔚然成风时，杰出人才的出现就只是一个时间问题。良好的学术文化同样是大学生学习创新，提高素质，建设良好学风、考风与健身风的强大精神动力。不同高校或同一学校的不同学院、课程，体育教学、学术、训练与健身文化都有自己显著的特色，科技文化与人文文化各有侧重。但是体育教学、学术、训练与健身文化是共同具有的，体育文化与科技文化、人文文化构成校园文化整体。

（三）体育生活娱乐文化

体育生活娱乐文化是工作学习之外，在全体师生员工的生活方式与闲暇娱乐活动中表现出来的体育文化现象。按赫勒的理解，所谓日常生活，是"指同时使社会再生产成为可能的个体再生产要素的集合"。日常生活从生命价值的确证和维护、以主体间的交往行动摒弃对人的工具性规定、参与并担保文化的延续、使个体不断融入这个世界并获得对世界的认同感等方面展示了其积极的意义。体育文化以其强大的渗透力，作用于人的生活价值观。体育是生活的符号，身体运动积淀着文化。1978年联合国教科文组织颁布的《体育运动国际宪章》中指出，体育是提高生活质量的手段。它处在学校主流文化的外层，与体育决策管理文化，体育教学、学术、训练与健身文化既有相关性，相互间的作用又是十分紧密的。这是学校中最广泛存在的一种体育文化形式，表现在各种有组织或自发的活动之中，有很大的随意性、松散性。校园体育生活娱乐文化、大众文化与艺术文化的相关内容有重合与交叉之处，但又有着自身的特点。

四、高校体育文化特征与构成要素

高校校园体育文化是以一定的社会政治、经济、教育、文化、体育等条件为基础，以高校师生员工为主体，由高校的体育环境和学生的需求相融会形成的。高校校园体育文化是具有高校校园特色和健康生活气氛的一种大众文化，具有较高的层次和品位，它集健身、消遣、娱乐、传播文化等功能于一身，是大学生文化生活中的一项重要内容，具有如下几个主要特征。

（一）健身性

高校体育是通过人体运动的方式进行的，因此，健身性是高校校园体育文化的最本质特点之一。在高校体育活动中，无论是体育课还是课外活动，无论是传播运动技术还是讲授健身知识，都是为了增强体质，增进心理健康。因此，高校校园体育文化有很强的健身性。通过体育文化活动，可以使参与者获得身体机理的健康，更重要的是让参与者培养自主性、独立性、积极向上勇于挑战的精神和勇敢顽强的意志品质，以及公正的态度、集体协作的精神、开朗活泼的性格，进而使个性健康而全面发展，并具有更加积极的个人性格与心理素质，成为一个真正的全方位的自我和谐的人。

（二）竞争性

竞争性是体育的灵魂，没有竞争就没有超越，就没有创新和发展。体育的竞争是指在运动场上，两个以上的个人或集体在统一规则下，争夺统一目标的活动，先得者为胜，不得者为败。它不仅比身体、比技术、比经验，而且比思想、比意志、比作风和拼搏精神，是一种全面的抗衡和竞争，对参加者的各个方面都是种严峻的考验。从某种意义上说，竞技体育是人类竞争的典范。适者生存是在自然界和人类社会已被广泛证明的真理，要适应未来社会的需要，就必须学会竞争，并在竞争中取胜。高校体育文化活动让师生在竞赛中较量体力、智力、心理，在公正、准确、平等的基础上展开拼搏，体味到竞争的剧烈性和残酷性，增强竞争意识，在激烈的竞争中学会运用技术和技巧，充分发挥自己的聪明才智，战胜对手，战胜自我和超越自我。

（三）互动性

校园体育文化是典型的开放系统，它与外界的信息交流十分频繁，不仅具有青年文化的特点，同时又时刻反映着社会文化的变迁，并不断地吸收和表现社会时尚的体育文化特征，反映社会体育知识、体育科技、体育经济等方面的最新变化。高校校园体育文化环境是由学校与学校、系与系、学校与社会等一个个体育文化圈组成的，没有这些体育文化圈，就没有高校校园体育文化。作为高等院校的教师和学生，尽管他们有一定的独立性，但是人与人之间需要沟通和交流，院系与专业之间也需要互相协调和合作。

（四）教育性

现代教育强调终身教育，终身体育作为一种新思想，是受终身教育思想的影响，随着社会经济的发展、体育功能的完善和人们生活观念、行为的变化而产生的。当代社会人们对体育的需求日益高涨；科学锻炼、终身受益，已形成一股社会体育的新潮流。因此，高校校园体育文化应以终身体育为主线，以大学生终身受益为出发点，立足现在，着眼未来，将大学生的个体行为纳入终身体育行为，拓宽高校体育培养目标的内涵，在培养学生个体行为的基础上发展体育特长，使学生掌握体育锻炼的知识技能，培养和提高学生的体育能力，使其养成经常参加体育锻炼的习惯，有利于促进全民健身活动的普及与提高。还有就是通过各类校园体育文化活动的示范和教育，能让参与者学会各种卫生保健知识，培养和提高了在运动时的自我保护的能力。

（五）娱乐性

现代奥林匹克运动会创始人顾拜旦在他的《体育颂》中这样写道："体育，你就是乐趣，想起你，内心充满欢喜，血液循环加剧，思路更加开阔，条理更加清晰，你使忧伤的人散心解闷，你可使快乐的人生活更加甜蜜。"这段名言道出了体育娱乐性的真谛。现代体育由于其技术的高难性、造型的艺术性、配合默契性和技术动作的直观性，很容易被广大人民群众接受，使它成为现代人闲暇生活的重要组成部分，能起到丰富社会文化生活、满足人们精神生活的作用。同时，现代体育运动使健、力、美高度统一起来，和谐的旋律、明快的节奏、默契的配合，表现出抒情诗般的艺术造型，使人们在欣赏体育比赛时如欣赏优美的舞蹈、线条明快的雕塑等其他艺术形式一样产生美的享受。另一方面，人们通过参加体育活动在完成各种复杂练习与对手斗志拼搏，征服自然和人类自身设置的障碍后，得到一种美妙的快感，使人产生自尊心、自信心和自豪感。

第三章 我国大学体育文化演变分析

我国学校体育文化经历了100余年的发展历史。本章综合运用文献资料研究等方法，用社会学的研究视角，分析我国学校体育教学指导思想随着社会政治、经济、文化的变迁和社会环境的变化而演变的过程。构建符合时代发展需要和适应我国国情，以育人为最高目标，以知识技能为主导，以培养能力为重点，以健康第一、身心发展相协调、终身体育为方向并逐步完善的学校体育教学指导思想理论体系。

第一节 研究分析框架

体育作为一种社会现象，它的发展必然受到社会整体发展的影响，同时作为社会的"缩影"，它又浓缩和反映了社会的变迁、社会关系、社会心理和社会行为的种种现状，能动地为社会的变革起到促进作用。当今，无论竞技体育还是社会体育的规模都在不断的扩大，涉及的领域与人员在不断增多，体育与社会的关系不断密切，体育已被认为是一种社会现象，而体育社会学是把体育运动作为一种微观的社会制度，分析它的内部结构和运行规律，使体育运动得到一个来自社会的参数，以促进体育事业的健康协调发展，把体育运动作为整个社会的组成部分，研究它在社会发展中的地位和价值，最终确定体育在社会大体系中的功能和作用，以及自身发展的格局和态势。

一、体育社会学的研究内容

（一）体育与社会关系及体育管理体制的研究

体育社会学作为社会学的一个分支学科，可以向人们提供关于社会特别是体育社会的基础知识，使人们了解体育存在和发展的社会意义；可以向人们提供与体育的性质、经营管理有关的基础知识；可以说明体育与政治、经济的相互作用；可以研究如何通过体育去促进人民生活质量的提高；可以揭露体育中的社会问题，提出解决方法；可以预测体育的发展趋势，为政府制定政策、法规，实施体育规划提供建议；可以探讨体育与奥林匹克、意识形态、科学技术、政治、经济、文化、传播媒介、宗教、社会问题等的关系；可以通过体育与社会的研究，寻求体育发展的社会基础，同时又直接或间接地促进社会的发展。

我国从20世纪50年代建立起来的体育体制是适应计划经济体制。随着我国经济的发展和逐步走向市场经济，随着我国文化教育事业的发展，随着我国与国际体育交流规模的扩大，旧的体制已不适应体育事业的发展，暴露出越来越多的问题，体育改革已成为影响体育今后发展的一个重大课题。卢元镇、李卫东对中国20年来的体育改革进行了全面的社会学阐释，指出体育事业必须走社会化的道路，这是我国体育改革的一条根本出路，中国体育社会化的重要载体是体育社团，体育社团是适应市场经济的一种组织形态，未来体育社团将会充分发挥它的社会作用。在区域体育发展的格局上，要从各地区经济、文化、社会的实际出发，梯度推进，鼓励经济发达的地区率先进行体育现代化探索，同时要抓住西部大开发的有利时机，积极扶持中西部地区积极协调扶助。经济水平的提高，为体育运动的发展提供了坚实的物质基础，同时体育又对当地的经济发展起到了很好的促进作用。

（二）体育大众传播媒介与竞技体育的研究

当代体育的发展是离不开大众传播媒体的支持的。大众传播媒介缩短了体育活动与社会成员之间的距离，加快了体育传播的速度，加大了体育运动的社会覆盖面，同时为社会提供体育娱乐、改变人们的生活方式。体育运动通过大众传播媒介吸引社会注意力，促进社会精神文明建设，大众传播媒介中的体育节目可以刺激体育消费，促进体育产业的发展。竞技体育更是以大众传播媒介为生存的一个支撑点，因此我国体育社会学把体育与大众传媒的关系作为一个研究内容。竞技体育，是体育运动的重要组成部分，也是体育文化发展的最高层次。竞技体育与社会保持着最密切的联系。许多社会现象都可以在竞技体育中产生，因此，体育社会学家常称竞技体育是社会的一个缩影。同时竞技体育对社会产生着深刻的反作用，成为社会不可缺少的一部分。现代竞技体育反映了市场竞技社会的人际关系，竞技体育的法制化、组织化是对社会生活的一种模拟。因此，体育社会学必须将竞技体育作为一个重要研究对象。

（三）体育产业及体育社会问题的研究

体育产业是新兴的并具有极大发展前途的、主要满足人们的精神文化健身等需求的产业。在体育产业的开发上，要以体育为本，全面发展，不仅仅发行体育彩票，还要努力发挥体育协会、体育博览会、体育基金会的作用，搞好体育市场，为扩大内需、拉动经济增长和对外开放注入新的动力。体育产业是随着经济的发展而不断发展，是市场经济不可缺少的基本组成部分。

从近年来国外体育社会学研究的成果来看,研究的主要热点包括体育与政治、经济、新闻媒体、生态环境的关系,体育全球化问题、体育组织的研究以及体育社会学发展趋势的研究。体育作为一种社会现象,它的发展必然要受到社会整体发展的影响。因此,整个社会和体育之间的相互作用是体育社会学中最时兴的研究中心。体育和政治之间的关系,始终是国际体育界关心的一个问题,有的人主张体育与政治无关,提出"当你把一只脚跨进奥林匹克大门的时候,就把政治留在了门外",而不少国外体育社会学研究者认为,体育与政治的关系是十分密切的,体育经常也为一个国家的政治服务,体现国家的意志,得到政府和国家领导人的关心和支持。体育与经济发展的关系是相辅相成的。体育的发展需要有经济作为基础,体育总是在经济的发展中繁荣起来的。同时,体育的发展为社会创造了无限的商机,对世界经济的发展起到推动作用。在现代社会中体育与经济的关系日益紧密,二者之间相互依存、相互促进。体育社会问题的存在是一种必然的社会现象,因为,体育运动是社会的缩影,大社会中的各种社会问题以不同的方式折射到体育这个小社会中来。体育社会问题除了具有社会问题的普遍性、变异性、复杂性、周期性和潜伏性外,还具有很高的公开性、多层面性和文化的局限性。我国的体育社会问题主要是体育队伍文化素质、青少年的健康状况、体育场地被侵占等问题。

目前,对体育组织的研究属于体育系统内部结构的研究,是国外体育社会学研究的一个重要领域。体育运动的开展离不开各种各样的体育组织,如体育队、运动队、体育俱乐部、体育协会、体育教育团体、体育联合会等。随着体育全球化的发展,以及大众体育的兴起,世界各国的体育组织结构发生了根本的变化,体育商业化和全球化使得对体育组织特性的研究变得越来越重要。在当今的信息化时代,报纸、杂志、广播、电视及互联网等传媒十分发达。体育新闻的激烈性、广泛的群众性、强烈的国际性和紧迫的时间性使体育新闻具有重要的社会价值。由于体育与新闻媒体的关系越来越密切,同样也引起全球体育社会学者的兴趣,全球体育运动的发展,促使各国建设大量的体育场馆设施。体育场馆设施的大量建成,对体育运动的发展无疑是十分有利的。然而,体育场馆设施的大量建成,也引起了一些人对生态环境的担忧。对体育与生态环境的评论也成为全球的一股浪潮。一些欧洲的研究者建议,体育场馆的建立要注重融合当地的文化特点,形成与当地文化和谐的人文景观,避免建造同一模式的、单调的体育场馆。奥运场馆瘦身计划,其目的就是避免大量体育场馆的建立,造成各国的经济负担,同时也为了保护各国的生态环境。

各国的社会制度、社会形态各不相同,体育的发展水平和管理体制也有差别,使得体育社会学问题有共同的、相似的一面,也有不尽相同的地方。例如球迷骚乱是主要发生在西欧国家的一种顽症。人们在创造竞技体育的同时，一种寄生于竞技体育，又腐朽着竞技体育的负面文化"兴奋剂"便滋生了。滥用兴奋剂是对运动员誓言的背叛，是对《奥林匹克宪章》的违逆，而且是对体育精神的公然践踏，以及对竞技体育的粗暴蹂躏。随着大批以商业牟利为目的的职业运动员、职业体育俱乐部的出现和发展，动摇着、改变着奥林匹克的原则。各种运动会上出现的大量的商业活动，给当今的各种运动会增加了许多商业气息。伴随着体育的商业化趋势，出现的就是运动员的高价转让、运动员出场费、体育赌博、运动员之间的明争暗斗等一系列问题。这些问题所造成的社会后果是体育社会工作者十分忧虑的问题。

在经济全球化的过程中，世界各国的体育文化交流也更加频繁。于是体育社会学的研究者们提出了体育全球化这一概念，并对这一问题进行了开创性的研究。近年来，一部分体育社会学家开始对体育全球化的必然性、体育全球化的概念、体育全球化的阶段划分、体育全球化的模式、形式与内容等问题进行研究，大多数研究是从增强世界性的交流的角度来探讨体育全球化的。当今社会随时都在发生变化，而且在不同时期有不同的变化内容和变化特征。因此，研究者将时刻把目光投向社会变化的前沿，及时捕捉社会变化的信息，探讨社会变化与体育运动发展的关系。

今天，世界的政治多极化、经济和文化的全球化，甚至互联网的普及，基因技术和纳米技术的应用，都带来意想不到的问题。随着体育全球化的发展，合作研究是当今体育社会研究的一种趋势，只有加强合作，甚至多学科的研究者之间的合作，才能达到研究的目的。在世界经济日益全球化的今天，各国之间的体育文化交流越来越频繁，体育文化交流过程中产生的种种问题，需要跨国合作研究。

因此，世界上越来越多的体育社会学研究者对跨国合作感兴趣。这种合作研究的方式是今后发展的一个趋势。

二、中外体育社会学学科进展分析比较

通过对不同国家、不同社会制度及体制的研究和比较，可以揭示各国体育社会学研究的各种特征，对不同的文化、经济、国情、社会形态和不同的体育制度进行比较，找出适合发展我国体育社会学的发展方向。通过对体育社会学的比较研究，可以开阔眼界、增长见识，了解国外体育社会学的发展状况，从中汲取国外体育社会学研究的成功经验和失败的教训，清醒地认识到我国体育社会学的情况，从实际出发发展我国的体育事业。

其一，我国体育社会学的学科还存在着研究队伍匮乏、有标志性的研究成果少、应用性较差的现象。体育管理体制将逐步形成社会化的社会体育组织网络，学习和借鉴国

外发达国家的管理经验发展体育社会团体，这是中国体育管理体制改革和发展的必然趋势。其二，对体育社会问题的研究，我国与西方国家不尽相同，中国的体育社会问题是体育队伍文化素质偏低、青少年体质健康状况较差、体育场馆利用率低、运动员后备力量缺乏等，而球迷骚乱问题是西方国家的顽症，是西方体育社会学关注的问题。其三，在现阶段我国体育社会学要根据本国的国情，建设具有中国特色的体育社会学理论体系，逐步完善和建立的体育社会学的理论体系要适合我国的国情、适合市场经济体制，也将符合国际体育社会学发展的潮流。其四，随着社会的发展、生产方式和生活方式的巨大变化，以及经济水平的提高和闲暇时间的增多，体育成为现代人调节生活节奏、改善健康状况、提高生活质量不可缺少的手段。我国推行全民健身计划，普遍增强国民体质。在国外发达国家更注重这方面的研究，把从社会学的角度探讨如何组织开展闲暇时间的体育活动作为体育社会学的一个热点问题。其五，随着世界经济和科技迅速发展，国外的一些体育社会学学者已经对体育全球化的概念、过程、阶段划分、模式、内容等进行研究，试图发现体育运动全球化对人们的思维定式和传统文化的影响，显示出全球化体育运动的价值、情感和理念。同时，世界上越来越多的体育社会学研究者对跨国研究感兴趣，合作研究方式是今后发展的一个趋势。

从以上的分析比较可以看出，我国与国外发达国家的体育社会学研究相比，由于社会制度、文化背景、宗教信仰等方面的不同，对体育社会学的研究存在着一定的差异。在资本主义国家里，人们相信，参加运动能够导致竞争性格的发展；在社会主义国家里，人们相信，参加运动能够激发群体的合作和追求特殊目标的责任感。尽管政治或经济制度不同，但大多数国家的人们都有一种倾向，相信体育运动对人们的生活方式有良好的作用。我们研究体育社会学，是因为体育社会学的研究会帮助我们更好地了解人类行为及其发挥的社会作用。体育是社会中的体育，运用社会学的理论和方法去探索体育领域中的问题，必将促进体育社会学的学科建设以及应用研究的进一步繁荣与发展。

第二节　各时期体育文化要素特征分析

一、体育价值取向特征分析

体育文化在1984年洛杉矶奥运会之后得到了飞速的发展，特别是奥运会的产业化的运营，使体育产业已突破传统意义上的体育内涵，形成一项生命力极强的新兴产业，被誉为新时代的"朝阳产业",它正在成为全球经济新的增长点。体育产业在不断发展的同时,不同时期的历史解读和价值也有很大的差别,从中华人民共和国初期毛主席提出的"发展体育运动,增强人民体质",到竞技体育强国之梦,再到"后奥运时代"群众体育的蓬勃开展,人们对体育价值的理解和需求已经不局限于"强身健体",在参加体育运动的同时,人们的价值观念、运动需求以及人们对体育的价值取向也逐渐趋于统一。

(一)价值取向与体育产业

虽然有很多人研究体育产业,但无论是学术界还是经营管理界,都未能给出明确的、统一的概念界定。韩月一认为,"体育产业是指从事不同运动项目的训练和比赛活动,以及专门为这些活动服务的企业的集合,不包括体育行业中的公益事业部分。"卢元镇认为,"体育产业指的是为社会提供体育产品的同一类经济部门的总和,这里指的体育产品包括体育用品与体育服务两个部分。"持类似观点的还有李建设,他认为"体育产业可以界定为利用体育自身功能及辐射作用创造价值的产业,是为社会提供体育产品(包括体育物质产品和体育服务产品)的同一类经济活动的集合和经济部门的总和"。丛湖平则认为,"以生产和提供体育服务和劳务产品的企业集合来界定体育产业,符合产业经济学和逻辑学原理。"体育产品是否包含体育实物产品、体育产业组织是否包括体育事业部门等非营利性组织,成为体育产业概念界定中的争议焦点。

对价值概念的定义,有几种不同的解读。有一部分人认为价值是客体对主体生存与发展的意义、作用和影响。但是用意义、作用和影响来定义体育的价值,不仅要考虑客观衡量标准,还要制定科学的认识尺度,不能损害长远利益以获得眼前利益,不能把社会的衡量标准替换成个人的评价尺度。另一部分人认为价值是客体满足主体的需要。人类除了在物质上的富足要求以外,重要的还在于精神上的追求。从时间角度来看,价值取向是随着社会的发展而不断地变化着的,它与以往和现存的价值观存在着紧密的联系,因而在和谐社会背景下,价值取向的构建一方面需要从传统中寻求资源和灵感,另一方面还需要借鉴西方价值取向的合理因素,不断克服传统的观念。体育价值取向是在特定的社会历史时期,社会个体对体育的需求和期望的总和,它代表了体育发展的总体方向。体育价值取向确立以后,其就具有了相对的独立性,对体育发展具有重要的指向作用。现代的体育价值取向逐渐摆脱了政治为主导的影响,从体育价值的"工具论"取向中脱离出来,回归到体育运动的内在要求,注重人自身发展的需要。因而,在和谐社会背景下,体育价值取向必然坚持"以人为本"的核心理念。

(二)价值取向为体育文化的发展奠定了理论基础

我国的体育价值理念植根于我国传统文化土壤中,传统体育价值取向以养生为核心,它具有两个显著的特征：一是"天人合一"，这是我国传统文化的精髓所在。儒家的孔子强调"过犹不及"，朱熹主张"量度以取中，然后用之"。而道家思想家则主张"清静无为"，即追求回归自然。在儒、道两大传统思想的影响下，我国传统体育强调运动的节制性，即"不当使极，觉劳即至"，它强调体育运动应该"纯任自然，毫不用力"，"头脑空白，意守丹田，听其自然"。二是神形兼备，养神为先。魏晋时期的嵇康说过"形侍神以立，神须形以存"。这种以精神为主导的思想体现出我国传统文化的价值取向——特别注重修炼内在生命力，这是我国古代道家哲学的一个基本特征。受传统哲学、生活习性和文化的影响，我国传统体育价值取向的发展演变主要有以下几点：

1. 注重体育的人格化价值取向

传统体育强调"身体"与"精神"的统一，看重通过有形的身体活动达到精神的升华，实现理想人格的塑造。传统文化注重人的内在气质、精神修养，把人的身体视作精神、气质之舍，是表现人的内在品格。

2. 注重体育的养生化价值取向

中国传统体育文化认为人与自然是一种和谐的关系，人是自然的一部分，通过与自然的交换，从而排除浊气，汲取自然中的真气，五脏通达，六腑协通。古人认为决定人的健康和寿命的根本原因在内不在外，这决定了传统体育以"养生"为主，尤其重养。所养之物，并不是人体，而是人之"气""志""心""性"。

（三）体育文化的发展历程及各时期的价值取向

我国体育产业的发展大致经历了三个阶段：

1. 第一个阶段（1978年—1992年）

1979年2月，国家体委在北京召开全国体育工作会议，提出体育战线的工作重点就是高速发展我国体育产业。这一时期是发展体育产业的初步探索时期，人们对体育产业的认识还处于比较初级的阶段，因此对体育产业价值的理解也很朦胧。体育的政治色彩比较浓重，尤其是中国的乒乓球外交政策，打开了中国体育的大门，同时也打开了中华人民共和国经济发展的大门。

2. 第二个阶段（1992年—2000年）

1992年11月，全国体委主任座谈会在广东中山召开。会议认为，改革开放以来，我国体育取得了巨大的成功，在计划经济体制下形成的高度集中的体育管理体制已不适应社会主义市场经济的发展，社会主义市场经济为体育产业注入了新鲜的血液。这一时期人们对体育产业也有了一定的认识，各个项目的体育比赛也相继展开，人们已经开始从事一些简单的体育活动，购买一些体育产业的产品，例如运动服、运动鞋，但这一时期人们对体育的价值取向理解还没有形成系统，对体育产业的追求程度不是很高，只是停留在简单的比赛用品上，没有达到休闲消费的水平。

3. 第三个阶段（2000年至今）

全面建设小康社会与北京奥运会带动体育产业的巨大发展。体育产业通过市场的直接或间接的融资，进行资本化的运作，促进了我国体育产业的大规模、普及性的发展，形成规模效益。体育产业可以通过市场调节进行发展，形成了以市场为导向的市场调节的运行机制。这一时期，体育产业已经得到人们的普遍认同，人们也不断参与到体育项目中来，消费体育产业的产品、衍生品，人们的价值取向从其他产业逐渐转向体育产业，体育产业的新品牌也应运而生，这对体育产业的发展有很强的促进作用。当前中国正处于经济体制转轨，经济增长方式、类型转变的重要历史时期，产业结构的调整不但为体育产业的发展提供了良好的发展机遇，同时体育产业与经济增长点的问题也逐渐成为当前体育界和经济界关心的热门话题，越来越多的专家、学者从国际体育产业的发展形式，以及刺激消费、拉动内需的视角提出："体育产业将成为我国国民经济发展新的增长点。"体育产业已成为第三产业中的"朝阳产业"，它在发展的过程中离不开日益增加的体育人口，而这些体育人口在不断经受就业压力、行业竞争的压力、社会发展的压力、经济危机的压力的同时，身体产生了对体育的强烈需求，内心深处在召唤体育来排解人们的压力，缓解人身体的疲劳、内心的疲惫，同时在享受体育的过程中，实现人对体育的需求。

（四）价值取向的转变是体育产业发展的源动力

1. 价值取向的回归

人和社会的本能需求是促进一切事物产生及发展的内在驱动力。任何一种社会现象、事物的存在和发展，它们最终所依据的都是人或社会的需求。从古代到现代，人们的休闲娱乐需求不断地提高，体育产业已成为研究者关注的一个热点，从形成之初就以娱乐形式出现的中国体育产业，其价值取向将出现前所未有的"回归机遇"，即回归到休闲娱乐的本质需求上来。前国际大众体育协会主席帕尔姆先生曾预言："如果说20世纪是奥林匹克运动世纪的话，那么，21世纪必将是大众体育的世纪。"因此，未来体育的休闲娱乐价值取向必将获得全面的发展和弘扬。2008年北京奥运会之后，中国已经成为世界竞技体育强国，在此影响下，大众娱乐体育也在不断升温，体育产业也随之迅猛发展。

2. 价值取向的弘扬将促进体育产业的高速发展

"以人为本"的思想最早是在1976年提出的，联合国教科文组织在当年的大会中提出"社会发展是以人为核心的发展"。我国是在1994年政府发布的《中国21世纪议程》

中提到"以人为核心的社会发展"。因此，可以说社会的进步归根结底是作为历史主体的人的进步，社会的发展归根结底是人的发展。随着我国国民经济的不断发展以及人们生活水平的不断提高，人们对社会产品和服务的需求也逐渐呈现多样性，这就要求体育产业领域能够为他们提供多形式和多层次的体育产业的产品和服务。也只有真正实现体育的产业化以后，才能真正有效地满足这些需求。

体育产业发展至今天，它的价值已经远远超出了体育本身的范畴，体育产业发展应采取以城市为核心，向地级市、县级市、农村逐渐扩散。通过扩散影响所产生的"扩散效应和示范效应"，提高人对体育的教育价值的认识，从而使人们对体育的价值理念产生改变，在理解现在体育价值的基础上，不断弘扬体育的教育价值和应用价值，不断拓宽体育的内涵和外延，最大限度地发挥体育的价值。

二、体育文化道德特征分析

作为一种现代文明背景下成长起来的文化形态，体育文化已成为我国文化事业的重要组成部分，它关系到人民大众健康水平的提高、思想道德建设和生活质量的改善，是现代社会文明、健康、科学的重要标志之一。随着我国经济社会的快速发展，对外开放和对外交流的日益增加，现代生产方式和人文环境等客观条件对体育文化的内容和结构产生了巨大的影响，需要我们对体育文化做出科学、明晰的评析，给予其应有的价值定位，并自觉地加以引导和规范。

（一）体育道德建设的时代性和紧迫性

1. 体育道德的概念

体育道德是指在体育活动中形成的调整人与人、个人与群体之间关系的行为规范的总和。它通过概念、规范、准则等抽象的逻辑思维形式来调整人与个体和群体、人与自身之间的关系。进行体育道德建设是发展先进文化和社会主义思想道德建设的必然要求。体育是人类文明发展的产物，是社会文化的重要内容，在社会主义文化建设中有着不可替代的独特作用。体育健儿在体育运动训练竞赛中所展示出来的"不畏艰险、不断进取、团结拼搏、敬业奉献、勇攀高峰"的优秀品质，已成为全社会宝贵的精神财富，极大地激发了我国人民的爱国热情，促进了我国社会主义公民的道德建设，推动了社会主义文化的建设与发展。面对当今世界各种思想文化的相互激荡和社会主义市场经济的影响，体育领域遇到了许多新情况、新问题。体育文化事业面临着难得的发展机遇和严峻的挑战。抓住机遇，迎接挑战，完成时代赋予体育工作的使命，必须大力加强体育道德建设，这是一项关系体育文化兴衰成败的基础性工程。

2. 体育道德的范畴

事实表明，体育运动不仅仅是一种身体活动、健身活动或群体游戏，运动的过程中也没有道德说教，但运动本身却被赋予了多方面的文化内涵。这一文化内涵同哲学、经济、军事、教育、艺术等诸多学科的内涵在基本精神上是一致的。就以奥林匹克运动所倡导的"更快、更高、更强——更团结"的精神而论，它可以指导锻炼者抵御生活中不健康文化的影响，用积极向上的态度来看待人生。因此，运动场就是道德场所。道德问题渗透于社会生活的各个方面，一切反映人类现实生活需要的活动方式都与道德存在着不可分割的内在联系，特别是那些竞技性的体育活动更是无法回避善与恶、公正与偏私、诚实与虚伪、崇高与卑鄙等道德问题。

3. 体育道德的功能

不得不承认，体育文化的主要功能是促进大众的体质健康，是调剂生活的一种手段，但满足大众休闲、娱乐的体育文化不应该远离道德，放弃"教化"。事实上，任何一种艺术活动都具有一定的休闲和娱乐功能，人民大众在学习、工作之余需要放松、需要休闲。另外，人民大众的精神需求也是多层面的，欣赏水平也不一致。由于受经济和教育整体发展水平的影响，我国体育工作者的知识结构、社会体育指导机制、体育场馆配套建设，以及社会体育文化氛围仍无法满足大众快速增长的对文化的需求。在这种情况下，体育工作者应该积极工作，提高体育文化的影响力，拓展体育文化的发展渠道，满足人们休闲、娱乐的同时，引导他们向善、向上，培育健全的人格。这是体育文化建设和发展的道德原则。

（二）道德内涵是体育文化无法回避的问题

体育文化的快速崛起是对过去社会体育的一种提升和发展，它推进了体育文化向大众化转型的进程，然而，在这种转型的过程中，体育文化固有的游戏性、娱乐性和竞技性可能会产生一些负面效应，导致体育运动的道德要求水准下降。在越来越多的场合，我们要千方百计让体育文化与其他文化形式并驾齐驱。我们在强化和突出体育文化的娱乐功能时，应有的道德性、审美价值、艺术深度、终极关怀等内涵被削弱。市场经济运作系统的基本形成，带动了具有商品属性的"文化产业"的形成，面对社会大众健身、娱乐、休闲的需求，体育文化以其娱乐性、流行性、竞技性和参与性成为人民群众普遍接受的文化活动形式。健身、娱乐和日后参与社会竞争的需要，为社会体育文化的迅速兴起提供了肥沃的土壤，各种现代化传媒手段的发展对体育文化的传播起到了作用。从文化形式上看，体育文化以其参与性、竞技性、集体性、青年化的特征成为满足社会各界人群业余文化生活和充实精神生活的必需。调查显示，广大群众对体育文化有自己的认识，他们向往体育人文精神，渴望体育文化熏陶。"当你关注一个体育明星时，不要仅仅在意他的成功时刻，应该更多地去体会他奋斗不懈的精神。"提升大众审美情趣和道德理性是体育文化应有的价值取向。如果体育文化没有这一价值取向，就会对我们的和谐社会建设产生阻力。

（三）道德信念应该是体育文化实践者的精神追求

1. 体育文化实践者无法回避道德追求

从消极的意义上来讲，无论是自我还是他人，作为体育活动的参与者，远离道德追求就不可能有合理、公平、正义的体育活动，它最终会使自我或者他人成为受害者，因此体育活动无法成为"纯粹"意义上的娱乐游戏。要使体育活动的所有参与者都成为受益者，各种形式的体育活动都应具备"道德智慧"，即体育的内在品质应该包含道德判断，使锻炼者在休闲、娱乐中吸收其道德营养，树立健康的人生态度和人格理想。体育文化应该做到"寓教于乐"。一旦体育活动真正做到了有"教"且"乐"，那么体育文化自身就会成为最广泛、最具有接受性的教育方式。因此，体育文化要在和谐社会建设中肩负起相应的社会责任，承担起既启蒙大众心灵、培养大众道德良知，又增进身体健康的义务。体育活动的组织者要坚守体育的道德操守，坚持体育正义，在体育活动中强化道德理念建设，消除体育活动中不健康的东西，保持体育工作者的人格和品性，建构道德的体育文化。

2. 体育活动要满足大众的消费需求

一切为大众的健康服务，是体育文化的核心任务，每一位有社会责任感的体育工作者都应该坚定地承担起这一义务，让一切有益的体育活动都体现出对锻炼者的道德关怀。

总之，体育工作者要时刻保持头脑清醒，在纷杂的市场文化环境中保持独立的文化人格，积极地开拓和弘扬社会主义体育文化。

三、体育管理制度特征分析

体育管理体制是一定历史时期的政治体制、经济体制与体育发展内在规律相互作用的产物。一个国家或地区的体育管理体制往往受该国或地区的政治、经济、文化以及国家制度、历史传统等多方面因素的影响。我国开始于20世纪80年代的体育管理体制改革，转眼已过四十余载。举国体制的建立、市场化浪潮的冲击、后奥运时代"体育强国"目标的提出，每一个里程碑式的改变都清晰记载于历史的扉页上。

（一）我国体育管理制度的特征

体育管理体制是指国家在对体育管理的过程中所形成的相对稳定的组织结构形式、

权力分配方式和在一定管理制度规范、约束下展开的运行机制的总称。这种管理体制是在强大的政府体育管理组织系统和我国计划经济影响下形成的。在当时我国的社会、经济大环境下是可行的，而且是行之有效的管理模式。然而随着我国改革开放的深入和市场经济的逐步建立，举国体制的这一模式已越来越不适应市场经济发展的要求，政府管理型的体育管理体制的弊端在法治社会和市场经济的大环境下日渐显现。当然改革必然有个过程，不可能是一蹴而就的。我国的体育管理体制正在逐步由政府管理型向社会管理型转变，目前仍处于政府管理体制向政府与社会结合型管理体制改革过渡的阶段。因此，改革不协调的体育管理体制，建立与经济社会发展相适应的政府管理型和社会管理型的体育管理体制，是目前我国体育管理体制改革的关键。

（二）影响我国体育管理体制改革的因素

由于体育管理体制是一定历史时期的政治体制、经济体制与体育发展内在规律相互作用的产物，因此它的改革、发展都将受到政治、经济这一社会大环境的制约及其自身条件的限制。

1. 影响我国体育管理体制改革的经济因素

任何一种制度都是建立在一定经济基础之上的，体育管理体制也不例外。我国改革开放40多年来，虽然经济实力有了大幅度的提高，体育管理体制也有了明显的改善，特别是2008年北京奥运会的成功举办，使体育产业得到了不同程度的发展。但是由于我国经济基础比较薄弱，我国的体育管理体制的改革不可能完全转变为西方发达国家较为成熟的社会型管理模式。在这一经济背景下我们不可能彻底改变举国体制存在的基础，只能在现有的基础上进行一定程度的改善和变革。

2. 影响我国体育管理体制改革的政治因素

社会主义制度是我国体育管理体制最基本的政治背景。我国构建社会主义和谐社会的背景下，更要协调好各个方面的关系，因此改革我国现有的不协调的体育管理体制也提上议事日程。

3. 影响我国体育管理体制改革的自身因素

举国体制下的体育管理体制存在已久，产生这种体制的环境已经发生了巨大的变化，而我国的体育管理制度却依然是规定的模式，没有与时俱进，就没有发展，更谈不上进步。因此，改革也是制度本身的内在要求。

（三）我国体育管理体制改革的理论依据与趋势

1. 我国体育管理体制改革的理论依据

在党的十四大确定了我国建立社会主义市场经济体制的改革目标后，原国家体委审时度势地明确了我国体育体制的改革方向：改变原来在计划经济体制下，单纯依赖国家和主要依靠行政手段办体育的高度集中的体育体制，建立与社会主义市场经济体制相适应，符合现代体育运动规律、国家调控、依托社会、有自我发展活力的体育体制，形成国家办与社会办相结合、集中与分散相结合的格局，力争在20世纪末初步建立有中国特色的社会主义体育新体制。

2.我国体育管理制度进行体制改革的趋势

政府与社会混合型管理模式是目前我国体育管理体制改革的基本取向。由于我国各地区的经济、文化发展不平衡，如果只靠市场经济作用，那么体育产业的发展将会出现不平衡现象，甚至在某些地区会倒退，因而政府与社团混合型管理模式的管理体制在相当长一段时期内将继续存在。在经济发达的地区，社会办体育将占主导地位；相对而言，较贫穷、落后的地区，国家行政机关将继续行使主要权力。随着人们体育观念的转变，越来越多的人们希望更多地加入到体育活动中去，使原来单纯依靠政府发展体育运动已不能满足人们日益增长的体育需求，脱胎于计划经济的"举国体制"在统管全国体育时已开始力不从心。加之我国城市化进程明显加快、小区建设日益繁荣，使得人们开始把更多的要求与期望转向社会。

在建立新的体育管理体制过程中，一个重要的方面就是要建立市场经济下的各项法律、法规、规章制度和调节与引导市场正常运行的经济政策。21世纪，体育的发展，其政策法规一定要与国际接轨。合理运用法律、经济、行政手段预防与惩处不良的行为。在这些方面不仅需要管理者提高自身的素质、管理水平和技术水平，更重要的是在市场化的体育管理活动中建立监督组织与监督机制，提高办事的透明度，发挥新闻媒体的作用，依法办事。

四、课外体育竞赛及活动特征分析

竞技体育是一种特殊的体育文化现象。以竞技体育文化为内核的奥林匹克运动超越了一般体育文化的范畴，成为社会发展的主流文化，更说明了竞技体育文化的特殊性。竞技体育文化的特征表现在活动主体、活动内容、活动方式形成过程中的多样性、互动性、规则性、渐进性、选择性和功利性等几个方面。

（一）竞技体育文化的多样性

1.这是文化特质对作为亚文化体育的兼容

不同角色会形成不同的体育文化形态。在竞技体育中，运动员、教练员以及管理人员的活动目的是通过创造优异运动成绩获得社会认可，同时获得一定的物质与精神收益。

而观众则是以运动员、教练员等的活动为媒介，将这种特殊的活动方式作为自身宣泄情感表达好恶的途径。对于体育比赛的组织者来说，体育活动成为社会发展中的一个工具。在体育商业化韵味日渐浓郁的今天，这种目的彰显无疑。还有一种形态就是竞技体育在商品社会发展下的附属品，那就是经理人对运动竞赛的操作，球员转会实际是运动员作为商品的买卖，大型体育活动较少具有浓郁的政治色彩，更多的则是商业利益。像组织巴西、意大利甲级足球队来华访问，其根本意义在于从中获得一定的商业价值，其次才是对中国足球队的所谓在丰富国际比赛经验上的"帮助"。从这一点上说，竞技体育中的不同角色都直接产生了经济效益和社会效益。

2. 不同的内容也具有特殊指向

运动员进行的活动是由国际奥委会及其他组织所规定的活动内容，而普通民众则根据自身的实际进行不同的活动。在这一点上，后者活动内容的选择面要远远大于前者，但是同时也表现出一定的随意性，其中体育所谓"竞争性"也就褪色不少。所以说，活动内容的多样性也对活动方式的选择产生作用。活动方式的多样性是由于体育活动内容的多样性所决定的。因为活动目的与内容的不同，活动主体就会以不同的方式参与其中。运动员是以一种专门的过程即运动训练和竞赛来实现的，而普通民众则是以一种自发基础上的组织来实现的。

3. 不同的地域也具有不同的体育文化

因为在目的上和运动员大相径庭，于是就有另外一种形态的文化内涵。他们将体育作为一种简单的工具或方式来对自己的身心产生影响，从而获得精神上的享受，同时也作为现代人所必备的标志，反映出他们的体育价值取向。体育文化的多样性反映了因为不同角色，以不同目的或价值取向以及参与方式而形成的文化形态。显然，活动内容的多样性是与体育文化的民族性分不开的。不同的民族、不同的地域环境下产生了多种多样的活动形态，经过体育文化的开放性的作用为不同民族、不同地域下民众所接受，于是就有了不同的活动内容。活动主体会根据自身的实际来选择不同的内容从而达到其目的。

（二）竞技体育文化的互动性

文化是一种集合。体育文化中，首先是人与自然发生关系，然后才是人与人之间产生关系。从这个意义上讲，体育文化是在人与自然、人与人关系过程中的行为意识、行为方式、行为准则的积淀。这种积淀只有在活动的主体，即人与人在特定条件下的互动中才可以实现。活动主体的互动主要表现为参与人员与参与人员之间的互动，如运动员与运动员之间的互动、运动员与观众之间的互动、观众与观众之间的互动。运动员协会、球迷协会就是这种互动的组织产物，球迷骚乱则是这种互动之中的角色冲突。金牌战略、举国体制、职业化等也是这种互动下的社会适应。如果说活动内容之间的互动使它们在形态上相似而使迁移有了可能，倒不如说是活动的主体在其互动过程中对活动内容认识后的结果。不同的运动形态有其项群特征，也有其发生学的规律。乒乓球与网球的关系，篮球与橄榄球的关系，排球和篮球、手球的关系，橄榄球和足球的关系，如此等等不胜枚举。

（三）竞技体育文化的规则性

活动主体的规则性是自我约束机制的产物，是体育不同于其他活动方式的准绳，也是体育文化内部多种形态的基础，否则，体育就会是如战争一样的社会形态了。哪怕是最能够体现和谐的活动内容都有人工加工的痕迹，如登山运动。而当今几乎所有的运动形态都已经被活动主体进行了刻意的加工，也就是赋予它们特定的存在方式，以便人们一边高唱着"绿色奥运"回归自然，来彰显"人文精神"，实则是通过"科技奥运"为保证人自身在合理的自然条件下进行各种活动。这种加工很大程度上是活动主体的一种自我保护，而这种保护是以活动内容的某些属性的丧失为代价的，如项目自然属性的消退、人文社会属性的增强，也有对环境的破坏。活动内容的规则性区别了体育活动与其他活动。主体的规则性表现了一方面自身制定规则，同时又接受规则的制约。不同的活动主体在参与到体育之前就必须接受一定的制约，否则就不能够把握这种特殊游戏的运动进程。这是物对人的制约，也是主体之间的相互制约。体育竞赛是把人们心底深处的战争因子通过游戏的形式表现出来、发泄出来，但是又必须受制于特定的规则限制之下而不至于产生战争似的后遗症，这不能不说是人的睿智。

（四）竞技体育文化的渐进性

不同历史时期、不同民族、不同地域的文化特征是不同的。作为体育文化，其内涵随着时代的变迁而发生变化，这是体育文化的渐进性。活动主体的渐进性表现在纵横两个方面。纵是活动主体实施体育后在身心发展方面的渐进，横是主体在实施体育后所形成的不同层次主体。不可否认两个方面在历史上，在今天都依然如故。从游戏到竞赛，从生活手段到运动手段，从一项活动内容到另一项活动内容都表现出体育文化的渐进性。战术的演进、技术的变革、方法的更替；学校学生体育教材的变化，一些简单的、不切合青少年学生实际的教材被删除代之以更新的教材；大众体育中因为人们物质生活水平的改善，活动内容也呈多样化。这些更新与多样化都是逐步实现的，不可能逾越从简单到复杂、从单一到多样这一模式。活动方式的渐进性是活动主体在长期体育实践中进行的体育总结与归纳，其最终目的是更好地进行体育活动。运动器材的革新对主体活动方式产生了深刻的影响，合金材料的使用使器材更加轻便也能够使运动员创造出更加优异的成绩；激光电子产品的问世使得对运动成绩的评判更加客观准确；计算机技术的使用使主体对动作技术的合理性有了更加清醒的认识。大众体育、学校体育中个体活动向群体活动的转变也不断改变主体在其他领域的活动方式。

（五）竞技体育文化的选择性

活动主体的选择性实际上是人与体育活动双向选择的过程和结果。不同的社会角色从事体育活动有其选择，从另一个角度来说是活动内容对不同角色的选择。这种选择是基于活动内容与活动主体社会角色之间相关性所决定的。一般的人是不可能参加高尔夫球、一级方程式赛车活动的。老年人不会像少年儿童那样进行较多的娱乐竞技活动，而是专注于适合个人特点的秧歌舞、太极拳等，反之亦然。就像活动主体的选择性一样，活动内容的选择性既取决于内容本身，也取决于主体角色。残疾人体育中的活动是特定条件下的特殊形态，这是由于活动主体角色的特殊性造成的。运动员选择的活动内容在形式上虽然和其他人群相似，但是他们更体现了一种专门性。尽管有些运动员也具有全面的能力，如飞人乔丹既是篮球高手，在棒垒球上也不逊色。活动主体、内容确定后，与之相适应的也就是活动方式的选择性。不过有意义的是，尽管可能会有不同社会角色进行同一活动内容，但是活动方式在质量和数量上仍然是有明显差异的。球类运动运动员的活动方式是全然不同于普通大学生的，纵然也有竞争性、竞技性的色彩，但是反映这些竞争、竞技性的方式与过程是不同的。

以奥运会为代表的西方体育文化是用"更快、更高、更强——更团结"为标准来检验不同国家、不同民族（种族）、不同地域人们的竞技体能的，而且仅仅局限在一定年龄范围的人群。而东方中国则是以气功、养生等形式来标的人的道德观和价值观。

（六）竞技体育文化的功利性

不同的活动方式也有其不同的功利性表现。活动主体选择不同的方式一方面是根据自身需要，也反映出个人的价值观。攀岩是登山的一种简化，它可以让更多的人有机会去体验征服自然的感情；同样是获胜，南美足球是艺术化的细腻，欧洲足球是大刀阔斧的直白。当然，活动方式的功利性是与活动手段的科学化紧密联系在一起的。功利性是不同社会角色探索自然界的成果，同时也是进一步改造自然的驱动力。体育文化的功利性是促进体育活动主体向自然、自我挑战的源泉之一，是人类身心陶冶后的愉悦、征服自然后的快意。不同的社会角色也有不同的功利性。普通人群体育活动的功利性表现在与自身角色相适应的基础上。运动员的功利首先是自身价值的社会认可，然后是生存手段，即谋生的工具。功利性是和活动主体的价值观紧密联系在一起的。运动员是将获得社会认可与自身生存紧密联系在一起的。不同的体育活动内容也表现出不同的功利性。在当前世界体育文化中，不同的体育形态就表现出不同层次的功利性。足球是第一运动，田径是运动之母；职业化、商业化的运动不仅得到普通人群的认可，更得到政府官员、资产者的青睐。普通人群从中领略到运动的无穷魅力，政府官员从中展示个人的才干，资产者则从中谋取金钱。

体育文化具有多种特征，有一般特征，也有本质特征。一般特征有民族性、普遍性、阶级性、继承性、经验性、世界性、地域性、社会性、群体性等。本质特征有主体与客体同一性、开放性、亲和性、身体表征性和传承性、社会操作的从属性等。从主体、内容、方式来考察竞技体育文化的特征更进一步贴近其本质，同时也不失体育文化的一般特征。多样性、互动性、渐进性、选择性和功利性作为竞技体育文化形态的特征，虽然不能够概全，却为解读体育文化的本质提供了一个新的视角。

他山之石：法国体育管理体制发展的启发

二战之后，法国体育经历了快速崛起和各种文化相互交融的多样化发展进程。除了传统体育项目重新获得继承和发展之外，法国体育运动还受益于德国体操、瑞典体操和英国户外运动带来的新鲜血液，并与传统大众体育运动相结合，为健身、竞技、休闲娱乐和学校体育教育的发展奠定了基础。

1. 法国现代体育文化发展的社会基础

19世纪法国现代体育运动的兴起正处于政治风云激荡、社会思潮迭起的社会变革时期。整个社会因向现代化的全面转型而显现出的时代特质和社会氛围，给法国体育文化的发展注入了新鲜血液，从而孕育、烘托、浸泡出一个法国体育文化长足发展的历史时代。从18世纪末期开始，一场融合身体力量与人体生理知识的体育文化运动在法国渐露头角，并革命性地引入了对人类自身身体发展的兴趣。一些对人体科学的探讨和实证研究都取得了新的突破，生理学、心理学、临床医学、整形外科、体育教育等学科知识为人们更好地控制身体、锻炼体魄、发展意志、陶冶情操提供了科学依据，而工业化城镇社会的发展又削弱了传统社区之间的联系。随着非营利性体育联盟于19世纪后半叶的出现，英国的体育俱乐部、德国的体操和瑞典的体操在法国渐趋流行，从而逐渐形成了三种不同的体育文化形态："一是以传统大众为代表的古代经典体育项目如击剑和马术，它象征着传统社会秩序的力量；二是以德国和瑞典体操为代表的体育教育和身体教育的项目，它象征着中央集权国家政治对体育的影响；三是以英国户外体育运动为代表的现代体育项目，它象征着统治阶级中部分自由派和现代派的文化倾向"。

法国传统体育项目地位的削弱始于20世纪初，主要是受更为先进的德国体操、瑞典体操和英国户外体育运动的冲击而日显其落后和不适应时代发展的需要，相反，德国体操和瑞典体操在人体生理学、心理学、康复医学和体育教育的科学原理支撑下，加上第一次世界大战和第二次世界大战德国文化对欧洲的影响，使得这种体育项目带着政治色彩和意图在法国传播和流行。其形成和发展呈现出一个复杂的进程，它是在近一个世纪中不同身体文化的形式和内容之间、观念和体系之间碰撞和交锋的结果，以及由此而产生相关社会文化的缩影。根据美国历史学家 Eugene Weber（1983）的观点："19 世纪中期到二战期间法国社会的主要变化就是乡村社区从社会背景中逐渐削弱进而最终消失。"随着法国工业化和城镇化的发展，社会关系也在发生巨变。直接的人与人之间的关系逐渐成为人们交往的基石；而基于性别和年龄群体的传统联系和当地身份都已不再成为识别人们的标准了。而有着广泛社会基础和地域特色的传统大众体育运动项目都被逐渐融入到诸如"守护神节"的文化活动中去了，从而加快了新型体育体系的构建和发展。各种身体活动与具体的社会价值观紧密地联系在一起。其中以组织化的方式出现的是"青年社团"，通过运动的规则化和仪式化向青年人进行社会一体化教育，传播和灌输新的体育价值观念和活动方式，并规定社区中的已婚男性或是具有平等地位的人都必须参加这种活动。

19 世纪下半叶"体操社团"的逐渐发展则属于另一种类似的社会文化传播组织。1870 年普鲁士战争的胜利逐渐引起了人们对体操的浓厚兴趣，不断有新的社团创立，德国的身体教育，尤其是通过体操的方法，被认为是军事成功的基础，所以这类非营利组织的创立是在国家支持、倡导和控制下建立的，而不是仅仅从社会内部自发组织或产生的。

当然，1873 年组成法国联盟的体操社团还是基于自愿会员制的社会准则，但这并不能忽视政治对其发展的推动作用。而与此相似的英国体育俱乐部在当时却没有得到大力发展；19 世纪 80 年代初，第一批英国式的"体育俱乐部"在法国创立，由一群年轻人创办的这类俱乐部赢得了一些推崇英国教育体系的教师支持，在这些年轻人的促进下，这些俱乐部和各所中学紧密联系。皮埃尔·顾拜旦将"学童游戏模式"作为一个体育教育的主要课程设置引入中学失败后，这一首创精神仅被限制在一些非营利组织中开展。由于体育俱乐部是基于自愿原则基础上的社会团体，所以当时的学校和地方机构都不支持这一项目，其发展一开始也只能被限制在大城市中。直到 20 世纪初期，体育俱乐部开始由资产阶级上层人士组成，俱乐部的社会资源开始扩大，体育文化的上层建筑特色突现，上层和中层阶级进入了主流体育运动组织的各个领域。到 20 世纪 60 年代，普通民众和中上层阶层在参与体育运动的目的上仍然有显著区别；人们认为身体的习性同样也是社会经历的产物；身体运作的方式在工人和资产阶级成员之间显然是不同的，对前者而言力量和身体技巧是谋生的条件，而对后者而言，身体运动则是彰显一定社会地位的符号和手段。那种不带直接生产目的的"自由"身体活动，逐渐从大众文化中消失，并被视作浪费时间和精力。然而，另一方面，当某种身体活动获得一定程度的合法化后，这种身体力量和能力展示的运动又会被大众接纳，如摔跤、拳击和举重。需要强调的是，法国大众体育的真正兴起还是政权归还平民这一思想的深入人心后才逐渐开始的，其中最重要的概念就是提出了法国社会的公民概念，这一概念要求国家和政府能够真正让每一个公民的基本权利得以实现，包括参加体育运动的基本权利。体操社团和体育俱乐部在这一过程中得到了发展和壮大，1901年关于"联盟的自由"的法案引入了支持公众主管的非营利联盟。由于体育运动在两次大战之间，尤其是二战以后逐渐变得越来越获得人们的支持，国家开始全权负责其中的运作。其中最明显的就是法国在二战后最初几届奥运会上招募运动员时违背《奥林匹克宪章》的规则，采用行政力量来进行组织和发动，而不是由非营利组织如国家奥委会来承办这一特殊任务。

像许多西欧国家一样，二战之后，法国体育经历了快速崛起和各种文化相互交融的多样化发展进程。除了传统体育项目重新获得继承和发展之外，法国体育运动还受益于德国体操、瑞典体操和英国户外运动带来的新鲜血液，并与传统大众体育运动相结合，为健身、竞技、休闲娱乐和学校体育教育的发展奠定了基础。在过去50多年里，不同类型的体育活动参与者的数量就已经增长了5倍，并分别达到了全国人口的50%，也就是说每两个法国人中就有一个是体育运动参与者。随着体育运动的普及和深入，加之经济的发展和观念的转变，体育不仅是中产阶级和上层社会青年人的专有领地，妇女参与体育运动也得到更多的尊重，与此同时来自下层社会参与者的数量也有了实质性的提高。一开始被视为上层建筑的体育运动的性质开始微微发生变化。超越自我、提升自我、展示自我和放松自我正成为人们参与体育的主要动机，并逐渐演变成为一种融入社会、放松、保持身心健康的生活方式。

2. 法国体育管理体制发展的基本现状

在法国，直接管理体育运动开展的组织主要有以下四种类型：

（1）由CNOSF（法国国家奥林匹克运动委员会）、CROS（区域级运动与奥林匹克委员会）以及CDOS（部门级与奥林匹克委员会）来进行管理的体育俱乐部。

（2）青年体育部

这是国家负责管理体育的行政代理机构。在法国，行政区域分为大区、省和市镇。省下设专区和县，但不是行政区域。县是司法和选举单位。法国本土共划分为大区、省和市镇。本土划为 13 个大区、96 个省，还有 5 个海外单省大区、5 个海外行政区和 1 个地位特殊的海外属地。全国共有 34 970 个市镇。全国有 9 千名国家公职的体育管理从业人员负责各大区的体育事务，并同时依靠地方或区域机构培养的相关管理人员 15 000 名。

（3）学校体育教育

在法国共有 35 000 名教师负责 1200 万学童的体育教育。

（4）体育产业关联系统

它组成了所有和运动相关的商业活动。粗略估计有超过 4 万人受雇于这个亚群体。事实上这个亚群体还可以细分为：筹划常规运动（特定职业体育俱乐部）或更多特别赛事（环法自行车赛）的职业联盟；提供休闲活动和运动旅游业的机构（体操馆、私人网球或是高尔夫俱乐部等），以及其他运动服务的提供者。

和其他西欧国家不同的是，法国中央政府、地方政府和公共部门对体育的资助是法国体育运动开展的重要基石。通过对受雇的人力资源评价，国家级雇员在数量上占主导地位，他们的数量将近 50%。许多俱乐部和联盟在发展体育运动中都或多或少地依赖于国家的资助，从我们的采访和文献资料收集中发现，这些联盟主要可以分为 3 类：一是完全依靠体育运动部门的联盟（其至少 2/3 的内部资源是由体育运动部门拨划）。这些运动联盟主要包括摔跤、冰球、举重、泛舟、爱斯基摩划艇、剑术等。二是大部分依靠体育行政部门的联盟（其由体育部门拨划的资助占其内部资源的 1/3 到 2/3）。其中包括奥林匹克联盟项目的有冰上运动、拳击、棒球、游泳、排球、自行车、体操、射箭、羽毛球、帆船运动、手球、乒乓球、射击、滑雪、柔道和篮球。三是主要独立的体育联盟（其由体育部门划拨低于其内部资源 20%）。在这一分类中的奥林匹克联盟有马术、足球和网球。

我们可以看出，大部分奥运联盟的财政主要依靠体育运动行政部门。如果把国家资助的数目折合成联盟统一预算的百分比的话，那么奥林匹克联盟占 32%，单项非奥林匹克运动联盟占 16%，多项运动联盟占 20%。国家对于体育运动的帮助同样体现在使国家雇员被体育运动联盟接纳。由于大量的资助和间接的帮助（设备和人员的分配占了超过 60% 的预算），法国体育俱乐部对社区普遍存在很强的依赖性。

3. 法国体育管理体制发展的主要特点

（1）国家行政协调负责全国体育运动的开展

青年体育部是法国唯一官方主管体育的行政部门，直属总理领导，部长由总理任命。"该部门正式成立于 20 世纪 80 年代初期，总部位于巴黎，下设体育司、青年司、总行政司和培训司。在全国的 13 个大区和 96 个省分别设有地方的青年体育部门。"全国各大区、省的政府青体部门分别接受国家青体部的管理，同时接受大区、省地方政府的指导。青体部的职能是负责全国体育的领导和管理工作，积极组织推动体育活动的全面开展。青体部代表政府，根据《体育法》和有关体育政策，与各社会体育组织进行广泛的体育合作，对全国的体育工作行使领导管理职能。各类体育协会有权负责组织开展各项体育竞赛与活动，接受政府的体育补贴和监督指导，培训高水平选手代表国家参加国内外的体育竞赛。

（2）社会自我协调负责全国体育运动的具体落实

目前，法国的体育协会有120多个，这些协会大体上分三类：

①奥运项目协会；

②非奥项协会；

③综合性协会。

许多协会创建的历史较长，在政府青体部设立之前便具有一定的规模，组织开展体育活动。协会的基层单位是俱乐部组织。各类协会在有关体育法规、体育政策范围内，开展各类体育活动，推荐和选拔该项目的优秀选手，负责训练，保障就业等。

（3）教育部主管体育教育

20世纪80年代开始，法国政府做出了重大决定，原先由青年体育部负责的体育教育转为由教育部门直接负责和管理，尽管该决策的作用是削弱青年体育部的职能，但事实上，国家教育部并没有将体育教育作为重要内容来抓，其中更缺乏具体的发展目标、发展战略和实施步骤。而当地方公众管理机构（行政区域、部门、行政地域）的权力增强时，分权立法同样也削弱了教育部门的直接影响。

（4）商业部门的广泛介入

随着体育产品的日益丰富、体育市场的逐渐扩大，商业部门对体育运动开展的影响也越来越大，商家企业在职业和业余两个领域都进行了大量的投资，并形成了一个新的产业链。尽管这一新兴的体育市场尚缺乏非常系统和有组织的管理，但高尔夫运动、网球运动和马术等已经逐渐成长为一些边缘的职业体育联盟，并伴随休闲理念的更新而呈现出蓬勃的发展势头。

第四章 高校体育文化的交流与传播

体育文化是一切体育现象和体育生活中展现出来的一种特殊的文化现象，人们在体育生活和体育实践过程中，为谋求身心健康发展，通过竞技性、娱乐性、教育性等手段，以身体形态变化和动作技能所表现出来的具有运动属性的文化。高校体育文化传播能促进体育运动自身的发展，促进高校体育教育的发展，丰富大学校园生活，提升高校知名度。

第一节 高校体育文化传播途径

随着高等教育的产业化、办学模式的多元化，高校在建造自己的体育文化、学校形象的同时还要加大传播力度，通过多种传播媒介展示自己，从而使高校的客观实在转化为社会公众心目中的认知形象。

一、审视高校体育文化传播

（一）高校校园体育文化传播内容

高校作为代表国家最先进科学文化水平的团体，它的形象早已深入人心，随时随地影响着人们的思维、情感和教育决策。而体育文化传播是提升学校形象的一条重要途径。

1. 校运会

校运会是学校体育文化传播的一个重要环节。在校运会中体育文化传播的主体是学生，校运会的目的不仅是通过竞技体育增强学生体质，培养学生顽强拼搏、积极进取的精神，更重要的是增强人际交流、传播体育文化。一些学校运动会的主要内容是田赛和径赛，在体育文化知识宣传方面做得不够完善，仅有一些口号、宣传海报、横幅及播报，有条件的高校会利用大屏幕显示运动员的成绩，但这与体育文化知识的传播要求还相差甚远。

2. 体育文化节

现今的学校体育运动逐渐打破传统竞技模式，融集体项目、娱乐项目和主题项目为一体，有条件的高校还开展时尚体育项目的运动会，以人为本，传播了特色体育文化。体育文化节影响遍及高校，对高校产生了巨大影响，同时引起社会的广泛关注，展现了当代大学生的风采。以襄樊学院为例，体育文化节通常是学工处组织、院系承办的特色活动，如三人两足比赛、借助学校地处隆中风景区的优势组织定向越野比赛等。其余各高校举行体育文化节内容也很丰富，形式多样，如棋类比赛、体育知识竞赛、体育展览赛、电脑体育动画制作评比等。

3. 全国大学生品牌赛事及各级重要赛事

学生形象通常通过学生社团活动或学习、比赛展现出来。学生在各类比赛尤其高级别的、社会影响大的比赛中获得优异成绩，都能为学校赢得声誉。高校积极地承办重要体育赛事，既可达到高校体育文化传播、扩大学校知名度的目的，又能取得良好的经济效益。国内几大高校品牌赛事：大学生篮球联赛（CUBA）、中国大学生篮球超级联赛、中国大学生足球联赛、中国大学生三人篮球联赛中，传播效果是惊人的，对大幅度提升高校形象作用显著。

4. 训练基地

专业队落户高校，在国内这种体育传播形式还鲜为人知。在这方面走在前头的首推清华大学。其跳水队已初具规模；另外，浙江的杭州师范大学也采取了与省女子散打队联姻的形式开创了武术专业队与高校联手，实现体教结合的先例。

襄樊学院毗邻国家级风景名胜区——古隆中。此处环境幽雅、景色宜人，是一个非常好的体育训练基地，也是体育竞技很好的比赛地点。如果能吸引一两支省级队伍来封闭训练，比如篮球队、乒乓球队、足球队甚至是围棋队等，然后将比赛带入学校，这将极大地提升学校形象，带动学校发展。这些方法对别的院校也适用。比如三峡大学可以利用其优势吸引企业，吸引游泳队、划船队、跳水队训练，等等。

（二）高校体育文化传播的重要性

对于体育的文化传播的概念，很多人会产生疑问："体育就是技术学习，与文化传播有什么关系？"也可能另一部分人目前已感受到体育文化的发展势头，似乎觉得大背景下体育与文化应该相互结合，但技术教学与文化发展又似乎很难扯上太深刻的关系。总之，我们习惯从技术传播的角度来看待体育，而非在文化背景下谈论体育发展。这就是束缚体育发展的症结所在。其实，体育既需要技术传播，又需要文化传播。可以说，体育技术若没有文化传播、传承与创新的融入，就很难转化为锻炼工具。可以这样说：有锻炼意识，一块石头都可以成为锻炼工具；没有锻炼意识，豪华哑铃也不会提起锻炼兴趣。

更何况在中国历史上,对技术传播缺乏足够的重视,而经过文化传播的项目却有着较强的生命力。例如,象棋、围棋等,被推崇为高雅文化不可或缺的组成部分,这就是文化传播造就的。因此,即便棋类体育活动没有设为课程,不用强制练习,也能获得很好的普及效果。原因何在?文化力量向心驱动而已。

中国体育向来是智力和技术二分的,"劳心者治人,劳力者治于人"的政治文化使智力体育得到长足发展,而练技者的社会地位却始终居于底层。几千年绵延不断的文化传承在 20 世纪遭到重创,出现了断层。就体育而言,这个文化断层有着积极的一面,让我们主动审视接纳先进的体育文化,弥补自身的种种不足。但一刀砍断历史连接,甚至断言中国古代没有体育,显然有点矫枉过正。消融外来文化营养自身体系向来是中国文化的一大特色,认识这一点,从长远来看体育的发展,其必是以传统体育思想引导的多功能体育内涵的集聚,而非西式纯量化指标的健康指导模式。值得注意的是,量化指标的合格与否对生命力旺盛的青少年并不能产生显性差异,且没有试验表明体质监测不及格的学生,其身体素质比体质监测合格的学生差,其寿命比体质监测合格的学生短。

中国文化向来讲保家卫国,国是家的延伸,是大家的家。国将不国,何以家为?所以御辱自强,学习西方强体技术,绝非对一己之家的防卫、对一己之身的建设,而是民族危机层面的防范。且看一些近代的体育教育观念:"体育是具有时间和空间性的,随社会变迁而变迁";"体育对于一国最大之贡献,在能辅助一国之教育,增进一国之文化,不仅限于增进个人健康也";"不依据任何一种制度,但取各国所有之各种体育之善者,而形成一种新颖之体育制度";"学习的发生是由于需要或兴趣,因需要才发生兴趣,因兴趣才感到需要,为了需要才想活动,活动结果可以得到满足";"体育对于休闲活动,当然必须负起更重大的责任";等等。这一切对于今天体育的发展依然有启示,即体育的时空特性及文化属性是兼收并蓄,以人为本。但我们并没有顺着近代体育文化建构设想走出自己的独特之路,而是亦步亦趋于西方的体育。好在现在已经开始重视传统体育文化的传播。纵观中国历史,有个充满趣味的现象:战乱文化大发展,和平体育大发展。例如,春秋战国、魏晋南北朝,文化大发展。又如,汉唐、宋代,体育大发展。到了当代,国富民强,体育发展更为繁荣,现实很好地印证了历史。

当下,国学热开始让人们理性地从内心重新审视中国文化的建构,我国领导人也强调了教育的"文化传承与创新"作用,那么,新时期的体育文化应该如何重构?当务之急就是树立以民族文化为主线,以西方体育思想为补充的体育发展意识。改革开放以来,中国的体育发展取得了辉煌的成就。竞技体育得到长足进步,但高校体育教学的结果却是,"健身意识薄淡,健身知识匮乏,健身技能缺乏,身体素质逐步下降"。这至少说明体育课的目标完成效率很低。这种现象背后的一个主要原因即体育文化大背景建设的某种缺失。具体而言，这种缺失包括三方面：一是体育教师仅有技术传授的观念，而没有体育文化传播的意识；二是校园体育文化建设的不健全；三是学生"学而优则仕"的主体意识。关注体育教育、关注体育文化建设显得刻不容缓。另外，关注体育文化建设，还必须关注体育文化创造者的主体特性。纵观现在的改革，人性化、学生本位一直是体育改革强调的核心，但学生主体特点的分析却被忽略了。很多时候我们只是就体育论改革，过于笼统，缺乏因地制宜、因材施教的针对性，难免收效甚微。

在很多情况下，学校体育改革前进的条理性、程式化和严谨性严重阻塞了其多面联系的通道，致使大规模的体育改革进行得天翻地覆，但是真正细致入微到课堂教学方法的革新，其效果则不尽如人意。

学校是精英人才聚集的场所，是知识、智慧的集散地。如果体育发展可以从文化传承与创新的角度注入活力，那么应该有助于提高其实效。在中国历史上，体育的传播与文化人有着密不可分的联系，文人在体育的传播中担当着重要的角色，不仅涉猎技术领域练习，还著书立传记载传播。例如，司马光改进投壶运动，张建封马球场纵横驰骋。若这一传统能够在学校——这个知识分子高度集聚的地方发扬光大，当今体育的发展自然充满希望。

二、高校体育社团对校园体育文化传播途径分析

新形势下，高校社团得以蓬勃发展，不仅种类不断增加，活动也是日益丰富，其中体育社团凭借其增强学生体质、拓展学生视野、锻炼学生能力、丰富校园生活等诸多优势深受广大学生喜爱，极大地促进了校园体育文化的传播。

（一）高校体育社团对校园体育文化传播的影响

1. 体育社团文化是校园体育文化的重要构成

校园体育文化与智育、德育、美育等文化共同构成了校园文化，其强调的是以人为本，代表的是校园精神，既有着丰富的内涵，也具备独特的外延。而高校体育社团凭借其灵活多样的社团活动为学生进行体育健身、人际交往、彰显个人特长、追求自由发展等提供了平台，且其活动内容极富感染力、教育性以及适应性，有利于促进学生综合素质全面发展，符合校园体育文化的宗旨，所以是校园体育文化的具体形式和重要构成。

2. 体育社团是校园体育文化传播的重要载体

校园体育文化的传播仅靠宣传和教育显然难以奏效，而高校体育社团借助充满活力、易被接受、富有影响力的体育类活动，感染、吸引学生积极加入社团活动中，使其在愉

悦身心、锻炼体魄的同时，受到正确价值观念潜移默化的影响，进而逐渐形成吃苦耐劳、敢于进取、顽强拼搏、团结协作等精神风貌。加之校园社团数量众多，成员多为跨系、跨级甚至跨校，且一个成员可能同时涉及几个社团，有利于信息传播速度、效果的提高，故其是校园体育文化的"传播者"。

3. 体育社团是校园体育文化建设的重要力量

相对而言，德育等校园文化建设易在教学活动中渗透，而体育文化建设强调实践活动与知识渗透的有效融合，故高校体育社团所开展的足球、篮球、乒乓球、武术、健美操等各种形式的体育竞赛活动，为校园体育文化建设设置了铺垫，配以体育专题讲座、知识竞赛、影片欣赏、趣味比赛等休闲、娱乐类活动则使校园体育文化更为丰富，很大程度上满足了学生多变性、多样化、多层次的需求，因此其是校园体育文化建设的重要力量。

（二）高校体育社团和校园体育文化和谐发展的策略探讨

1. 注重体育社团基础性建设

当下高校体育社团基础建设尚不完善，不利于顺利传播体育文化，故高校应基于对体育社团与校园体育文化的内在关系，立足自身实际，给予必要的政策支持和资金扶持，为体育社团提供合适的场地、必要的运动器材、适度的活动经费等，从而保证社团活动正常开展，切实发挥应有的功效。考虑到体育社团宣传力量有限，不利于校园体育文化的进一步传播和繁荣，建议高校有关部门为其创造一定的宣传机会，引导全校师生提高对体育文化的认知，树立科学的价值观念，养成健康文明的生活方式等。

2. 促进体育社团规范化管理

毕竟高校社团是由学生自发组织、自主管理和参与的，因此其不可避免地会出现管理无序、混乱等不良情况，既制约着自身的健康发展，也不利于校园体育文化的建设，这就要求高校团委加强与体育管理部门、学生处等的交流与合作，对体育社团实施统一、规范化管理，并制定相对完善的管理制度，如明晰社长、宣传部、组织部等职务权责、细化总结汇报制度，并对经费审批、活动原则、团费标准、成员出勤等做出规定，以此实现内部管理有章可循。此外，高校还应每年考核、评估体育社团绩效，并予以及时、合理的表彰或整改，甚至取消等。

3. 实现体育社团可持续发展

体育社团的可持续发展关乎校园体育文化的建设和繁荣，故可从下述几点着手：一应鼓励体育社团根据成员的不同需求，组织多样化且各具特色的体育社团，在扩大成员活动空间的同时，吸引更多的学生加入；二是进一步丰富活动形式和内容，如欣赏体育比赛、组织专题讲座、举办项目培训班、开展趣味活动、举办体育晚会等，以满足成员身心需求，提高运动技能，养成健康品质；三是发展有专业体育教师参与的运动队，既可以引导学生健康锻炼和运动，也有利于弘扬校园体育文化。如一高校在校内举办了 CUBA 联赛，并在开幕、比赛间隙展示了特色的文体节目，明显地促进了校园体育文化建设。

总之，高校体育社团为学生身体素质、知识能力、价值观念、道德修养等的提升提供了助益，极大地促进了校园体育文化的传播和繁荣，因此，高校应充分发挥体育社团的效用，切实将体育文化渗透于校园的角角落落，以此实现两者的和谐发展、共同进步。

三、网络信息化技术对高校体育文化传播作用的研究分析

在传统体育文化传播中，高校主要是通过一些固定的体育文化活动来吸引学生对体育的重视程度，并利用这些活动对学生的体育意识、体育态度和体育思想进行影响，使学生在体育学习中能够感受到体育的魅力和体育的价值。随着我国互联网技术的不断发展，高校数字化校园建设已经逐步成为高校基础建设当中不可缺少的一项内容，而这项工程也使学生更加便捷地接触到网络传媒，使学生在最短的时间内能够对网络信息文化内容进行筛选和过滤。当然，其中体育信息的传播对学生的影响也越来越大，尤其是对于学生的素质教育影响更大，更加凸显出了体育的素质教育功能。那么作为学校和学生管理人员，如何有效地利用好体育信息传播途径，为学生的体育思想培育和校园体育文化建设服务就需要我们每一个教育工作者去思考。

体育信息传播是大学体育价值理念和体育信息获取最重要的途径，各种网络媒体、电视、手机已经为大学生构建了一个快速获取各种信息的平台，尤其是随着学生在大学学习生活的深入，大学生对于新闻媒体的接触和认可程度也在不断地提升，学生的生活当中也逐步离不开媒体介质。

调查显示，学生在体育价值观念的形成过程中，各个年级的学生受影响的因素是不一样的，之间的差异性较大，比如说对于一年级学生而言，社会及家人对于学生的体育价值观念的影响相对较大，而校园体育文化及体育信息传播对其影响相对较小，学校体育课程教学和课外体育活动居中；对于三、四年级的学生而言，体育信息传播与网络媒体的体育导向对于学生的影响程度是最大的，且影响也是最直接的。

从学生对体育价值影响因素的选择中，可以发现对于三、四年级的学生而言，学生选择信息传播途径对于自己体育价值观念的影响比例大约占到 75%，其次是同学和朋友，这个群体大约占到 40%，家人和社会的影响大约占到 30%，体育课和课外活动大约占到 30%。在调查中我们发现，在高年级学生当中，男生和女生的体育价值观影响因素也存在差异，尤其是网络媒体和家庭的影响程度差异性相对比较明显，对于女生而言，家庭

对于体育的影响程度较男生高，在网络媒体方面，男生受此影响程度较女生大。对于二年级学生而言，发现学生对于这几个影响因素的顺序也存在较大的差异性，其中男生受网络和朋友的影响较大，女生受家庭和社会的影响较大，这种差异性说明在学生四年大学体育生活中，学生的体育价值观念伴随着各种影响因素在发生着变化，其中信息传播对于学生的影响度在不断加深。由此也说明学生对于媒体的接触程度越深，学生的体育思想越活跃，参加体育的积极性越高。可见，高校有效利用各种宣传途径来引导学生对体育的再认识是非常重要的。反过来，校园体育文化的建设和发展又会促进体育信息传播的多元化和便捷化，因为学生的喜欢，对于体育的关注程度就会提高，关注程度越高，学生对于体育的认识也就会发生更深层次的变化。这对于校园体育文化建设、学生体育思想培育和体育信息传播三者而言都是互相促进、共同发展的。所以作为高校体育教师，应该积极地利用各种媒体，使它们在学生的培养中发挥积极的作用，激发学生参与体育的热情，使他们对体育有一个更理性和更科学的认识，并能从体育中享受到快乐。

学生参与体育活动的动机往往来源于学生对体育中的某一个环节的兴趣，所以为了能够实现自己的目标而参与各种体育活动，比如说很多学生通过媒体目睹了某一个体育项目明星的赛场风采就可能对某一个项目的关注度有所提升。比如很多学生可能以前对跨栏都没有什么了解，但是因为奥运赛事媒体对刘翔的介绍和宣传，使越来越多的人开始关注这个项目。很多学生喜欢篮球项目就是因为NBA的某一个或者某几个体育明星。回到校园中，很多学生对于某一个项目的喜欢可能就是因为运动会当中自己同学的优异表现。所以学生对于体育的信息的接触越频繁，其对于项目的喜好程度就越高。通过对四个年级的调查我们发现，在学生的体育兴趣培养中，体育信息传播对于学生的影响程度和影响时间是直接相关的，所以很多学校都把校园体育文化建设和高水平运动队的发展与建设紧密联系在一起。学校的体育参赛队伍自然会影响自己学校学生的关注，学生对于参赛队伍和参赛队员的关注会让他们对体育的兴趣发生很大的转变。这种培养思路的转变，本身就富含着信息传播对校园体育文化建设影响的影子。

对于在校学生而言，他们接触到的信息传播途径主要有网络媒体、数字化媒体和报纸等几种形式。网络媒体因为传播速度快、访问便捷和时效性较高，所以最受学生欢迎，再加上手机业务的不断扩展，为网络媒体的发展提供了更多的便利条件。报纸属于传统媒介，在学生群体中，受重视的程度相对较低。数字化媒体因为学校多媒体技术的引入和快速发展，学生接触也较多，但是对于体育信息传播而言，还是主要依靠网络媒体。调查发现学生对于信息获取有90%是通过网络媒体，通过数字化媒体和报纸获取的仅仅占到10%。这就说明，在信息传播中，注重和利用好网络媒体是今后一个时期高校在校园体育文化发展和学生体育价值观念培养方面努力的方向之一。

研究发现，在高校体育文化的建设和传播中，体育信息传播的真实和可靠性对于学生的体育兴趣培养也起到了重要的作用，比如说，对于体育赛事的报道，尤其是对于比赛的输赢报道，信息传播中的导向对于学生对赛事的热情和认识都有重要的影响，正确地引导学生认识赛事、对体育文化有更深层次的认识势必会成为今后一个时期体育信息传播中受关注的问题。所以作为学校的管理人员，不单需要把目光和精力集中在信息传播方式上，在很多情况下，还需要关注信息传播的导向问题，这对于大学生体育取向的培养具有重要的作用。当然，对于本校校园体育文化的建设与发展，如果信息传播过程中更多的是涉及本校体育文化活动发展的，学生对于此类体育信息的关注程度相对较高，这说明在信息传播内容方面，我们更多的时候需要关注身边信息，这也给我们的体育管理工作从事人员一定启示，那就是在校园体育文化的发展和培育过程中，持续不断地创造体育信息及信息的新颖性对于高校体育文化的发展是至关重要的。

四、高校新闻传播对校园体育文化传播途径分析

高校体育新闻传播依赖于传播学和体育的发展，同时对体育的发展将起到积极的推动作用，尤其在传播体育文化、弘扬体育精神方面有着独特的优势，它在休闲状态下潜移默化地影响着大学生的价值观念、行为方向和精神面貌等，因此研究高校体育新闻传播的文化意蕴具有重要的价值。

高校体育新闻传播的主体是全校师生员工，其中起主导作用的是学校体育行政管理部门，即高校体育院系和体育部或者体育教研室等。体育新闻传播除了一般新闻传播的共同特点外，还有其自身独特的性质，其传播途径也是包含高校所有的媒体途径，并且体育行政部门还有自己专门的宣传途径。

（一）新闻传播的途径

1. 广播

高校校园广播是高校媒体中最早出现，也是最简单、直接的一种形式，是校园宣传工作的主体之一。校园广播具有信息传播及时、快捷、简短的优势，易被听众无意识地在课余饭后轻松地接收。尤其是遇到突发性事件或现场直播时，广播的独特优势就发挥得更明显。

2. 宣传橱窗

高校的宣传橱窗是一种简单的宣传媒体，它们的针对性、目的性和时效性特别强，而且十分灵活机动，成本也十分低廉，形式简单并且比较美观，富有创意。可以说宣传

橱窗是高校媒体中的活跃分子。它们除了传递内容以外，还会给人以美的享受，反映出高校浓郁的文化气息，是校园中一道亮丽的风景线。通过宣传橱窗，能够加强校园文化建设中的政治导向，营造积极向上的文化氛围。宣传橱窗作为一种机动灵活的媒体，也存在其篇幅小、张贴时间短等缺点，很难全面地、持续地对受众施加影响。而且很多橱窗的宣传内容为手工制作，显得比较杂乱，没有专门的管理者，经常还会出现刚贴上去一会儿就被其他的宣传内容覆盖了的情况。

3. 网络

校园网络是一种最常见的高校新闻媒体形式，它具有更新速度快、内容丰富、图文并茂等特点。现代信息技术尤其是网络技术的发展，为高校体育新闻传播提供了现代化手段，拓展了高校体育文化的工作空间和宣传渠道。校园网络目前已经成为高校加强体育新闻传播的一种主体媒体形式。在充分利用学校校园网首页、聊天室、校园论坛等栏目进行体育新闻传播外，高校的体育行政机构还建立了自己的网页，有着丰富的宣传内容和广阔的宣传空间。随着通信技术的发展和学生消费能力的提高，很多大学生都在使用电脑，电脑在日常的校园体育新闻传播中，可以充分发挥快速传递信息的优势，建立体育新闻平台，向大学生提供一些及时体育新闻、健康信息、运动方法、注意事项等信息。既可以帮助同学们提高参与体育活动的意识，也显得温馨体贴，使同学们真正感到大学生活的快乐和幸福。

高校体育新闻传播是社会文化的一个分支，其主要目的是引导和规范大学生的体育行为，对于培养大学生适应社会、服从管理、遵守公共道德等素质大有裨益。因此，高校体育新闻传播日益显现出它深刻的文化意蕴和价值。高校体育新闻传播具有导向功能，导向性是文化的主要特点之一。高校体育新闻传播的具体内容丰富多样，形式多姿多彩。这些丰富的体育新闻传播内容不仅使校园文化活动朝气蓬勃，富有生机，提高了大学生的文化素养，而且对学生掌握多种体育知识和方法起着积极的作用。高校体育新闻传播活动在传播体育信息、造就舆论环境的同时营造了积极健康的校园文化，在抵制不良文化对大学生的侵蚀上也起到重要的作用。高校体育新闻传播倡导科学、健康、文明的生活方式，引导大学生追求健康、文明、高雅的生活目标，这就为大学生排遣精神压力、打发心中郁闷和发泄过剩精力创造了条件，对大学生建立健康、健全的人格起着不可忽视的引导作用。

（二）新闻传播的功能

1. 高校体育新闻传播的教育功能

高校体育新闻传播对大学生的体育观念、生活方式和审美情趣都将产生深刻的影响。

因此，高校体育新闻传播必然会表现出明显的教育功能，比如通过生动的报道和宣传优秀人物来教育大学生树立正确的体育观念、弘扬爱国精神、培育社会公德等。另外，高校体育新闻传播可以让大学生快捷地获取各种各样的体育信息，以满足他们的好奇心和求知欲，并且可以提高他们学习体育的兴趣，增强他们对社会的认识。高校体育新闻传播拓宽了大学校园各种体育信息的来源，是现代大学生积极参与体育活动的重要动力源泉。

2.高校体育新闻传播的激励功能

高校体育新闻传播的主要目的就是满足师生员工的高层次精神需求，在沟通参与者思想情感的同时，使师生员工感受到关心和尊重；在培养师生员工共同的体育行为规范的同时，促进共同的价值观念、理想信念等群体意识的形成，可以使师生员工产生归属感，从而增强学校成员的向心力和凝聚力。高校体育新闻传播弘扬积极进取的体育精神，深深影响着师生员工的思想和行为，激励教职员工积极进取、不畏艰难、开拓创新，鼓励在校大学生勤奋学习、努力成才、为学校争光，从而在整个校园形成一种朝气蓬勃、精神振奋、开拓进取的良好氛围。

3.高校体育新闻传播的娱乐功能

在高校里，教师有着繁忙的教学和科研工作，学生也有着紧张的学习压力，通过体育新闻传播可以有效地消除师生的焦虑与疲劳。一方面，高校体育新闻丰富的传播内容让师生在课余饭后无意识地得到调节，从而消除紧张的情绪。另一方面，高校体育新闻传播通过体育知识的传播，引导体育行为，让师生积极参加校园体育文化活动。校园体育文化带有浓厚的娱乐性。它要求师生亲身参与运动，在愉悦身心的活动中承受一定的负荷。在校园这个相对"封闭"的生活环境里，体育活动以其娱乐性、趣味性和可选择性的特点，迎合了师生的生理和心理需求，已经成为师生员工的主要娱乐方式。

第二节　高校体育文化传播中存在的问题

目前中国已经承办了多项大型国际赛事，但随着人们生活水平的提高，人们已经不满足于停留在观看体育竞赛的层面，民众对体育的关注日益和自己的养生密切联系起来，为了自己的身心健康，越来越多地关注体育、关注运动、关注养生。体育日益成为人们生活中重要的组成部分。而当下体育和体育文化的传播却存在着很多不足，尤其是体育文化传播，存在着明显的发展瓶颈。

一、传播内容、路径单一

中国的体育文化传播主要为全球体育赛事、各类竞技新闻,但也是良莠不齐,精品很少。体育文化传播在体育盛会之后走向沉寂,社会关注低、体育文化信息量很少。

奥运会申办成功,大大激发了中国民众的民族自豪感和自信心。人们对体育的关注也和自身的生活紧密结合起来,社区运动形式也在各级地方政府的关注下有着不同程度的提高。中国作为一个历史悠久而且多民族融合的国家,精神文明硕果累累,各民族都有自己特有的民族体育,体育文化内容也极为丰富深厚。中国有56个民族,每个民族都在长期的生存和发展中形成了形式丰富、内容独特、富含民族风情和民族特色的体育文化,不仅在长期的历史演变中滋养着各民族的身心健康,而且作为传统代代相传。当下,我们的体育文化传播却只停留在各种大型体育盛会上,只专注于各种赛事转播,只限于各种体育新闻5"W"1"H"的传播模式,中国多民族丰富的体育传统盛会和各具特色的体育活动还停留在自娱自乐的层面,相对封闭,不能在全国范围内弘扬,这不能不说我们的体育文化传播还有很长的路要走。

二、体育文化传播分化较为严重

当前中国的体育文化传播过于集中,除了央视五套是专有的体育频道外,其他频道除了奥运会、亚运会等体育盛会期间基本不涉及体育内容。在中央电视台体育频道和各主要网站的体育频道也主要是体育赛事新闻和体育名人的花边娱乐新闻,鲜有体育文化的相关节目。

目前中国的体育文化传播主要集中在中央电视台体育频道,我们打开电视能看到的,除了各种正在进行的国际各类比赛外,就是过往的精彩回放。主要以大家熟悉的体育活动比如乒乓球、排球、足球、篮球居多,多是一些纪录片、广告片。现在各地方频道,鲜有富有地方特色的各种体育文化活动。换言之,我们的体育文化传播,主要是要满足体育爱好者的需求。这种单一的竞技性新闻,是体育文化传播功利化的表现,同时也是体育的社会功能弱化的表现。在这种功利化的传播途径中,热门的体育项目比如乒乓球、跳水、排球等,因为比赛的胜利和荣誉,取得了更为深厚的群众基础,很受群众追捧,有更多的孩子挤上了热门体育运动的独木桥。较为冷门的比如铅球、冰壶和民族传统运动项目就不断被边缘化。这种传播中的分化,是眼球经济所导致的功利化传播造成的,而且更进一步促进了体育活动发展的两极分化。

三、研究对策分析

中国体育文化在儒家文化的长期影响下形成了重在修身养性的民族文化内涵。当下在全国构建和谐社会之际，体育文化是和谐社会的重要内涵和基本路径。民间的体育形式丰富多彩，富有地方文化和民族传统。由于传播方式的局限，目前世界范围内的体育传播多是精英体育。只有克服体育文化传播的瓶颈，才能让大众体育精英化，让精英体育大众化。

（一）弘扬体育文化，构建人文体育

在我国的历史长河中，能够通过体育的平台，向世人展示中国的和谐，离不开体育文化传播的平台。它不仅能够弘扬中国56个民族丰富而富有特色的体育文化，而且对于构建人文体育，让体育深入百姓意义重大。体育文化作为一个特殊的文化范畴，有特有的个性和自身的发展变化规律，在人类文明的进程中，健康的生存延续是人类的共同需要，正基于此，大众体育文化在教育全球化的浪潮中的推动力最大，影响最为广泛，也最为深刻。这是因为大众体育文化给人类带来了健康快乐，同时也给社会带来了健康和活力。个人的健康有助于家庭的和谐，家庭的和谐有助于社会的和谐，无论中国还是西方，大众体育都是以全面发展和和谐发展为根本的。

大众体育的构建离不开学校体育和社区体育。学校和社区是社会构成的重要单元，也有着强大的民众基础。加强学校体育的文化元素，让不同年龄和不同层次的教学单位能够从多角度传授中国丰富的体育传统，让更多的群体认知和了解中国丰富的体育历史和体育文化，从而增强体育教育的人文性，不失为弘扬体育文化的重要路径。同样，加强社区的体育活动，加强体育文化宣传，也能使和谐精神进驻社区，身心和谐、家庭和谐、邻里和谐，国家才能和谐，才能真正实现体育强国的梦想。体者，人本也。奥林匹克的格言是"更快、更高、更强——更团结"，它激励青年人奋发向上、超越自我，向着更高的目标迈进。运动员们勇于克服各种艰难险阻，付出辛勤的汗水去争取胜利的意志和品质对所有人都是一种正面的积极的力量。人在运动中强健身体、愉悦身心，同时能够通过运动挖掘自身的体能、培养自己的意志潜能，这种积极的力量也是社会进步和创造的源泉。

（二）完善体育文化传播路径，大众体育构建健康和谐社会

构建和谐社会，离不开人的和谐。人的和谐，离不开强健的体魄和健康的精神。体育与人类的生存、发展紧密相连，人类创造了体育，也创造了体育文化。体育所带给人类的不仅是健康，还有艺术的审美情趣，像花样滑冰的柔美、摔跤的豪放、长跑的顽强、

短跑的速度、扣球的力量、投篮的精准与果敢，等等。奥林匹克的最终目的是为建立一个和平美好的世界做出贡献。让所有人了解体育，从而了解不同的民族文化，在了解欣赏的过程中认知世界、包容世界，让人人都能豁达于纷争，让世界能够多些平静，能够把公平公正延伸到人类生活的各个领域，也许，这才是体育的本质。

体育文化传播形式和内容的丰富，必然会促进体育活动的民间化。比如乒乓球，在20世纪50年代，它曾一度作为中国的外交手段，后来随着国家的重视，在各种比赛中逐渐成熟，历经几十年的发展，终于有了今天的辉煌成就，同时也走向了全民化发展之路。再有武术，也是先在民间兴盛，中国民间的武术传统形式丰富、类型繁多。后随着武打电影的传播而不断地规范化，不断在正规的比赛中发扬光大，也随着中外影视而走向世界。体育文化有很多传播路径，在现代传播媒介比较丰富的今天，体育可以凭借影视、动漫、游戏、原生态运动会等各种传播方式进行，体育的发展可以凭借现代传播媒介而走得更远。

总之，在现代社会文化传播日益繁荣的今天，文化的吸引力日益成为竞争的核心，无论哪种产业、哪种经济形式，都需要文化的内涵。体育在人类初始阶段就已存在，并且随着人类的进步而发展出独特的文化形态，有着丰富的内涵。体育文化的核心就是身心的和谐，个体生命的和谐必然能够创造更多的社会文明和社会财富。体育文化的传播应走大众审美的路线，体育是大众体育，而不仅仅是精英体育。突破传统传播模式，是弘扬体育文化、构建和谐社会的必由之路。

第三节 高校体育与全民健身运动的冲突

高校体育作为学校体育的最高阶段和社会体育的衔接点，在全民健身运动中占有非常重要的地位。但是，目前高校体育与全民健身运动尚存在着一些隐性冲突。通过对这些隐性冲突的分析并基于高校体育的优势，提出了促进全民健身运动发展的新模式——更新高校教学理念、人才及场地优势的互补、建立高校与社区间健身网络工程，将高校体育与全民健身运动进行对接，以实现高校体育与全民健身运动的有机结合，达到共同发展的目的。

一、高校体育与全民健身运动的关系

全民健身运动是以全体国民为实施对象，以青少年和儿童为重点的全体国民参与的体

育健身运动，而学校体育是国民体育的基础，是提高中华民族体质水平的一个重要途径。

《学校体育学》指出，学校体育工作应面向全体学生，其主要任务是增强全体学生的体质，促进学生身心健康发展，养成经常锻炼身体的习惯。这就要求学校各项体育工作和措施，都应该围绕着增强学生的体质这一根本目标进行安排。学校体育与全民健身事业的发展有着密切的关系，应重视在校学生的健身教育，对增强我国全民族体质有着重要的意义。

（一）全民健身运动对高校体育的要求

《全民健身计划纲要》强调："学校体育是国民体育的基础，学校体育的首要任务是增强全体学生的体质；各级各类学校要对学生进行终身身体教育，培养学生锻炼身体的技能、习惯并成为群众体育骨干。"这就说明：高校体育既要扎扎实实地施行终身健身教育，增强学生的体质，又要广泛地开展大众健身知识的教育，使大学生成为国家建设的专业人才和群众业余健身的骨干与指导力量。

（二）高校体育是全民健身运动的战略重点

高校体育是国民体育教育的重要组成部分，是群众体育和竞技体育的坚实基础，是全民健身的战略重点。中华人民共和国成立以来，党和国家一直非常重视高校体育的发展，曾先后颁布《学校体育工作条例》《大学生体育合格标准》《全国普通高等学校体育课程指导纲要》《大学生体质测试标准》等一系列指导性文件，使高校体育工作取得了较大的成绩和进展。高校是学生在校期间的最后一站，也是学校体育教育的最高层次，是学生从学校向社会的转折点、学与用的衔接点。这一阶段，也是大学生进一步完善体质、发展体能、形成"终身体育"意识及能力的关键时期。而高校体育教学正是这一过程的中间环节，起着承前启后的"桥梁"作用，是全民健身事业的前提与保障。

二、高校体育与全民健身运动的隐性冲突

高校体育的优势，决定了它将成为推进全民健身运动的人才输送中心、健身活动中心和健身科研中心，两者的协同发展是历史的必然。但是，从实践上看，由于旧有体制、传统理论等多方面因素的扰动，高校体育要汇入全民健身大潮尚存在着众多隐性冲突。具体可概括为以下几个方面：

（1）具体目标冲突

高校体育的目标任务是"增进健康，增加体质；传授体育知识、技术、技能，培养体育锻炼的意识、习惯和能力；培养良好的道德意志品质；在普及的基础上提高运动技术水平"。《全民健身计划（2021—2025年）》的目标任务是：到2025年，全民健身公

共服务体系更加完善，人民群众体育健身更加便利，健身热情进一步提高，各运动项目参与人数持续提升，经常参加体育锻炼人数比例达到38.5%，县（市、区）、乡镇（街道）、行政村（社区）三级公共健身设施和社区15分钟健身圈实现全覆盖，每千人拥有社会体育指导员2.16名，带动全国体育产业总规模达到5万亿元。

（2）实施途径冲突

高校体育的实施途径主要是体育教学、课外锻炼、运动训练和竞赛。全民健身的实施途径主要是身体锻炼。当前，全民健身在高校的实施主要通过课外体育锻炼进行，而课外锻炼在高校体育实施的途径中充其量仍只是一个"配角"，其安排与指导尚须增加力度。

（3）内容冲突

从总体来看高校体育的内容是以运动技术的传授、学习与运用为主，以全面性、规范性、教养性著称。全民健身运动也包括运动技术的练习，但主要是以健身性、实用性、趣味性作为其特点。另外，全民健身所包含的内容比高校体育要广泛得多，健身方法的选择因条件、兴趣的不同而异，并无严格的划定。当前高校体育不具备这种功能，学生选择身体锻炼内容的余地较小。内容上的单一、缺乏弹性，是影响学生健身的重要原因之一。

（4）组织形式冲突

高校体育教学、运动训练和竞赛，以及早操、课间操等，均是有组织的集体性活动，有严格的组织约束，有固定的教师指导、时间安排、场地保证等。而以个体形式为主的全民健身体育没有严格的组织形式，也无固定的锻炼模式，以随意性、个体性为其特点。这是高校体育与全民健身体育显著的区别之一。

（5）实施条件冲突

高校体育与全民健身运动的顺利发展有场地器材、时间、师资和经费等客观条件。高校体育较之社区体育、家庭体育等拥有较优越的客观条件和实施保障。但从学校范围看，这些有限的客观条件，尤其是经费开支与师资指导力量，一旦满足教学、训练、比赛需求之后，能用于学生健身活动的所剩无几。可见，在高校中推行全民健身在实施条件等方面同样存在矛盾与冲突。

（6）效果评价冲突

衡量高校体育与全民健身运动的发展水平，最终标准仍然是实际效果。高校体育的教育性与多目标决定了它的效果评价的多指标化。除了看学生体质增强程度这一主要指标之外，还要看它的教学、运动竞赛、群体活动及科研水平、体育地位等评估参数。而全民健身的效果评价指标归根到底只有体质与健康水平。由此可见，高校体育工作的多面性与复杂性，导致效果评估的模糊性急剧增强。而全民健身运动的效果评估却要简单、客观、精确，可进行颇为精确的定量评价。

三、高校体育与全民健身运动的对接

（一）全民健身运动呼唤高校体育的协助与支持

随着人们生活水平的显著提高，消费结构也在不断变化。据有关专家预测，未来15年，将是休闲业发展的时代，通过体育休闲，健身的意识将随着生活水平的提高和全民健身宣传力度的加大，而不断深入人心，花钱买健康的思想也将日趋强烈，以社区为主体的全民健身热潮呼之欲出。但作为发展中的大国，我国体育设施场馆建设的不足与分布的不合理以及专业指导人员的匮乏，严重影响着全民健身计划的实现和群众参加体育活动的积极性。要改变这种状况，有效的途径之一是紧紧依靠社区范围内的大、中、小学校。学校体育，尤其是高校体育具备体育锻炼场地器材集中、人才集中及健身锻炼技术、方法科学化的优势，若参与到社区体育中，协助其发展，可以弥补我国现阶段社区体育存在的不足，同时对高校体育的发展也可起到促进作用，达到"双赢"的目的。

（二）高校体育与社区全民健身运动对接的有效途径

1. 高校体育教学理念的更新

原有的高校体育教学内容多为竞技体育项目，这与学校体育归属于社会体育的范畴相违背。高校体育的教学内容应进行改变或进行适当的调整，新开设一些群体项目，或将一些竞技类项目的强度、难度及规则进行适当调整，降低原有的标准，使其内容更接近群众体育。高校体育教学还可以采取"请进来、走出来"的教学方式，让学生多参加校外的社区体育活动实践，从中体会到社区体育的娱乐性、健身性、休闲性，从直观上了解社区体育。特别是体育专业的学生，通过这类活动可以将所学到的知识运用到实践中，全面提高自己的专业水平，并对社区的全民健身运动有比较清晰的认识。

2. 专业指导人员的交流

社会体育指导员的缺乏以及水平偏低成为制约社区全民健身运动开展的主要因素。为此，国家体育总局颁布了《社会体育指导员技术等级制度》，开始在全国范围内培训社会体育指导员。目前，我国体育指导员的培训工作主要由体育院校承担。这种培训机制充分利用了体育院校的管理、教学、科研、场馆设施等优势。培训工作开展以来，为全国培训了数以万计的社会体育指导员。然而，对于我国人口众多及群众日益增长的健身需要，这些培训无疑是杯水车薪。那么，分布在全国各地的众多高校体育教师就成为一支可以借助的、强大的群众健身活动的指导力量，他们可以通过面向社会开办各种培训班，如太极拳、武术、舞蹈、游泳、体操、球类、气功、健美操等，为社会培养科学健身指导的骨干人才，还可以走出校园开展社会实践，为广大社区居民直接提供健身服务。

3. 场地设施的互通

据有关资料显示，目前学校的体育场馆、设备及器材占全社会总量的70%。在当前我国城乡社会体育设施跟不上整体发展的情况下，开发高校体育场馆设施及运动器材的优势资源，既是现阶段开拓高校体育资金来源的有效方法，又对促进全社会体育事业发展，缓解城乡、社区建设中体育场馆设施供需紧张的矛盾具有重大意义。在日本的社区体育组织中，利用本社区高校体育场地设施达58.5%。因此，在不影响校内正常教学秩序的前提下，利用节假日将闲置的场馆设施向社区居民开放，在一定程度上满足了群众参加体育锻炼的需要，并可产生积极的社会效益和一定的经济效益，形成高校体育与社区全民健身运动协作、共同发展的良性关系。

随着21世纪新一轮中国教育改革序幕的拉开，改革的浪潮也势必席卷学校体育工作。为现代化社会培养更多的适应社会发展的高素质人才，社区体育和学校体育担负着同样的使命。因此，城市社区全民健身运动与高校体育的结合发展是一个"双赢"策略；对社区而言，解决了目前开展活动的组织人员、奖金、场所等难题；对高校来说，是一个促进，既提高了学生的整体素质，也强化了学生的体育意识，从而更好地促进了全民健身运动的蓬勃开展。

第五章 高校体育文化建设

高校体育文化作为校园文化的一部分,是一种有深刻内涵和丰富外延的社会文化现象,是大学生在进行校园体育实践中形成的物质和精神财富。校园体育文化是高校体育工作的重要组成部分,在素质教育中有着不可忽视的作用,应重视和加强校园体育文化建设。

第一节 高校体育文化精神建设

体育精神是一种内在的精神力量,体育精神存在于校园体育活动的方方面面。在信息社会,信息技术的应用使得信息传递速度加快,也为体育精神的传递增添了新的活力。

一、对高校体育精神的认识

体育精神是一种文化意识形态,是通过体育运动形成并集中体现出人类的力量、智慧与进取心理等最积极意识的总和,是体育运动的最高级产物。它从文化角度反映了人类自身的崇高。体育精神的魅力能够产生较强的鼓舞力、感染力和征服力而成为体育本身所特有的最积极的教育因素,进而能够指导和影响人类的生活方式和体育实践。体育精神的展现,是运动技能、技巧和多种优秀心理品质作用于运动的身体之后的升华。

(一)高校体育精神的含义

校园体育文化是指体育文化在校园这个特定时空环境中的存在形态和发展方式。高校体育精神则是指一定历史阶段,在校园体育文化建设中积淀、整合和提炼出来的,反映高校体育文化的行为准则、价值观念和意识的总和,是校园人的体育精神生活方式和意识形态的反映。一般说来,高校体育精神包括以下含义:

1.科学精神

高校体育的科学精神,体现在高校体育教学与训练、活动与比赛中按规律和制度办事,不能盲从。并要认真地分析和研究,对那些符合先进文化本质和发展规律的校园体育活动,要积极总结、归纳,集中推广,力求以此构筑校园体育文化的主旋律。

2. 求善求美精神

求善主要体现在世界观、人生观、体育道德观等方面的价值判断上。高校培育出的人才，应该具有一定的历史使命感、正义感和正直的品质；一种爱校建校之心；一种团结互助、为人民服务的思想意识。求美，主要体现在审美实践上，要求师生培养正确高雅的审美意识，引导人们按着美的规律来规范校园生活的全部（包括体育环境美、体育行为美、体育思想美等），使得整个校园洋溢着体育美的气息。

3. 团结拼搏的精神

争先创优精神主要体现高校师生在体育训练中不怕困难和挫折，具有坚强的毅力；在体育比赛中团结拼搏、勇于竞争、善于竞争，并力求争先创优。团结拼搏、争先创优精神的发扬既可以使校园充满生机和活力，又可以使师生员工形成一定的个性、形成一种催人向上的心理机制。

4. 创新精神

高校体育文化是总结、继承和传播人类优秀体育文化的成果，是在继承基础上的创新。作为高度的知识密集和智慧卓越的高校校园，师生企望创造新的体育文化，以符合时代发展的需要。创新精神是校园体育文化的一种综合体现。

5. 健康第一的观念

强健的体魄是服务社会、贡献国家、实现理想的基础条件，是实现人的全面发展的重要方面，学校的主要任务是要培养社会主义现代化事业的接班人，必须树立健康第一的观念。

（二）高校体育精神的特性

1. 鲜明的时代性

高校体育精神是高校所处一定历史时期的时代精神和时代风貌的具体体现。因此，一所高校的体育精神，必将随着人类社会的重大变迁和高校的发展而发展变化，高校体育精神应该与时代精神相一致。

2. 稳定性

高校体育精神一旦形成，便具有一定的相对稳定性。这种相对的稳定性使人们的体育思想、体育意识和体育行为得到一定程度的维系、巩固和规范。校园体育精神的相对稳定性，也标志着对民族传统体育文化和学校传统体育的继承和发扬，体现了优秀传统体育和时代精神的交融。

3. 个性特征

高校体育精神所具有的个性特征，是一所高校的体育精神区别于另一所高校体育精神的根本所在。由于高校之间在历史传统、性质、具体工作的指导思想、学校所在地区的体育文化环境等方面因素的差异,就会带来不同学校的师生在体育传统观念、体育行为方式等方面的不同,从而产生出一所学校特有的校园体育精神。

4. 渗透性

所谓高校体育精神的渗透性,是指高校体育精神能够发生辐射,渗透到学校教学、科研、管理等各项工作之中,渗透到师生员工的一切活动之中,渗透到人们思想政治、价值观念形成的过程中,从而影响和引导高校师生员工和高校体育文化的发展。它还可能渗透到校外的社会生活中,从而实现高校体育文化对社会和社会文化的辐射。

(三)高校体育精神的价值取向

1. 先进性

高校体育是高校校园文化的重要内容,从价值观上看主要反映在校园体育精神上,它是校园体育的灵魂。江泽民同志指出:"先进文化是指面向现代化、面向世界、面向未来的、民族的、科学的、大众的社会主义文化。"与此相适应,校园体育精神价值取向先进性就是看它是否面向现代化、面向世界、面向未来,是否是民族的科学的大众的。相反,那些带有迷信、愚昧、低俗、颓废、庸俗等色彩的校园体育的行为准则、价值观念和意识形态,则是落后的、危害和影响校园体育开展和校风、学风建设的价值选择和评价。

2. 科学性

科学是相对一般概念而言的,高校体育精神价值取向的科学性是指它的选择和评价不偏颇、不唯上、不迷信权威、不盲从、不执迷。高校体育作为校园文化的重要内容,要彰显体育的魅力和凝聚力,但决不能为此疯狂或执迷,而要理性地、认真地分析和研究那些符合先进文化本质和发展规律的校园体育活动,要积极总结、归纳,集中推广,力求以此构筑校园文化的主旋律。

3. 增进健康

增进健康是体育永恒的主题。在我国,人们对校园体育理解的差异,造成校园体育的功能和价值取向的异变。学校体育的唯技术、唯规范思想,削弱了体育增进健康的功能和作用,也扭曲了校园体育精神价值取向的选择和评价。然而,随着素质教育的实施和对校园体育功能的不断开发,校园体育所提供的多姿多彩的身体活动和娱乐方式,已使校园体育活动成为校园人增进健康至关重要的手段和方式。因此,以人为本、增进健康是新世纪校园体育精神的核心价值取向。

4. 促进个性完善

一般说来，个性结构包括个性的倾向性、能力系统和自我调节系统等基本要素，这个结构的完备与否，将直接关系到个体身心能否全面发展和社会适应能力。高校体育活动是群体性和独立性相互交织的文化活动，参加体育活动的人，无论在个人竞技还是在群体比赛中，体力的改善和技能的获得、同伴的赞许和肯定，都会使参与者产生积极的情绪和由衷的满足感；长处和弱点的暴露，也同样会使参加者自我意识增强，从而也激励自我不断地战胜困难、挑战极限，并在校园体育活动中进行调整，这个过程是促进个性完善和发展的过程，也是校园体育精神的宗旨所在。因而，校园体育精神价值取向就在于促进个性完善。只有满足了个性完善，使之得到全面发展，才谈得上健康，才谈得上适应和创造，才是素质教育的具体体现。

二、体育精神对体育文化的发展所起的作用

体育精神进入体育教学，将促进体育课程改革，一改以往单调而枯燥的传统体育教学模式，采用轻松活泼、形式多样的体育教学方式方法，增强学生的体育意识，促进广大青少年学生的健康、全面发展。因此，体育教学必须以人为本，树立体育精神的观念，让学生深刻认识参与体育运动的最高价值理念，使我国青少年能够真正科学、有效地投入到体育运动当中去，让体育为他们今后的学习、工作、生活带来终身收益。

（一）体育精神对体育教学的作用

1. 体育精神是爱国主义最具活力的载体和最鲜明的表现

体育作为一种文化，与爱国主义有着天然的联系。每个运动员都有自己的理想、信念和动力，都有自己为之奋斗的座右铭，但有一条是中国几代优秀运动员共同拥有的最宝贵的精神财富，那就是为国争光、为民族争气！20世纪30年代刘长春"单刀赴会"；50年代容国团、侯加昌、王文教等一大批有着强烈民族责任感的运动员，为振兴与发展中华人民共和国体育事业做贡献；60年代中国运动员登上世界最高峰——珠穆朗玛峰；80年代洛杉矶奥运会中国体育健儿实现金牌零的突破；90年代中国申奥震惊了世界；容国团的"人生能有几回搏"；蔡振华放弃国外丰厚待遇和安逸的生活，毅然回国，在中国乒乓球运动最需要他的关键时刻挑起重振国球的重担，并连创辉煌；等等，无不是为国争光的爱国主义精神在中国体育战线上的生动写照。

2. 激发学生社会情感

由于体育运动具有竞赛性、对抗性的特征，竞赛结果又有不确定性，因此，它不仅能引起广泛的社会关注，而且能够使人们产生强烈的情感刺激和情感体验，调整失衡心

态。因此,体育教师应运用体育课自身特有的教学特点,营造比赛氛围,让学生在不知不觉中意识到人与人之间团结合作、相互理解的重要性,同时激起学生积极向上的心理体验和社会责任感。体育教师通过体育课堂教学中设计的各项有计划、有目的的组织活动,不仅要向学生传授体育知识技能,更重要的是要在潜移默化中培养学生的集体责任感、奉献精神和团队精神,从而使学生懂得国家利益、社会利益和集体利益高于个人利益,只有具备良好的社会情感,才能成为对国家、社会、集体有益的优秀人才。

(二)提高学生的心理素质和社会适应力

1. 体育有助于培养合作精神

合作是建立在团体成员对团体目标的认识相同的基础上的。在合作的社会背景中个人所得有助于团体所得。现代社会需要合作精神,一个人的力量微不足道,一个人要想在社会中取得成就,就要与他人合作。合作能力既是体育活动参与者必备的素质,也是需要通过体育活动发展的一种能力,体育教学对学生合作精神的培养具有积极的意义。

2. 体育锻炼有助于形成竞争意识

竞争是体育运动的主要特征之一。在体育运动过程中,时时处处都充满着竞争,既有对自己运动能力的挑战,也有与他人的争胜;既有人与人之间的竞争,也有团体与团体之间的竞争。现代社会竞争日趋激烈,努力培养竞争意识和能力有助于学生走出校门、走向社会后能很好地适应社会。

3. 体育精神能够使大学生受益终身

大学生正处于人生最具活力、生气的阶段,活泼好动、勇于尝试,通过对大学生进行体育精神教育,有助于大学生克服怕苦怕累、意志薄弱、任性等缺点。学校体育教学除了培养学生良好的体魄、强健的身体,更要借助学生的体育兴趣,培养良好集体主义精神、拼搏进取精神、竞争精神、艰苦奋斗精神和创新能力等体育精神,将使大学生终身受益。

(三)体育教学与体育精神

丰富多彩的体育运动尽管其技术手段、比赛方法、胜负的形式各不相同,但其基本的体育精神却是相同的。大学生投入到体育运动中就已经开始接受体育精神的影响和教育,受到体育精神的熏陶,改变和塑造着自己的人格精神。

1. 体育教师要培养学生树立体育精神的意识,认识到体育精神对学生人格形成所起的重要作用,把体育精神的教育贯穿在整个教育过程中,时时刻刻充分利用体育精神培养学生的人格。

2. 教师细读精研教材,挖掘、提炼教学内容中的体育精神。

3.教学过程中，教师用适当的教学方法和手段，培养学生的体育精神，注意教学细节对学生体育精神的教育。在深化教学改革的时代，体育精神的培养是体育教学的一个高层次的战略目标，所有的体育教师都应在体育精神的挖掘、提炼上，在体育精神教育的内容、教育方法和手段上狠下一番功夫。

三、高校体育精神建设的途径分析

（一）营造良好的体育文化氛围，发挥体育精神内隐式教育作用

体育精神是社会文化的一种，体育精神对人的影响是潜在的，能在无声无息中形成一种渗透力量。大学生所受体育精神的影响不仅发生在体育课程中，还发生在日常生活中。对于大学生而言，处于一种良好的体育文化氛围中，能够激发其主动锻炼的自觉性，培养他们对体育的热爱，让大学生在体育锻炼中获得情感和精神的升华，进而达到文化教育的目的。国内有不少高校在倡导"我运动、我健康、我快乐"的体育运动理念，在体育活动中，大学生体会到这种理念的精神实质，为体育精神的传递和培养提供了机会。体育精神也为形成正确的校园文化起到了促进作用，特别是在促进大学生形成好的体育锻炼习惯和健康的生活方式上，体育精神有着良好的促进作用。

（二）创新教育方式方法，将体育精神内化为自觉意识与行为

布鲁姆将教育目标划分为认知、情感、动作逐步递进三个层次。他认为教育目标的最高水准是把体育活动看成是人的自身价值的体现，他认为体育精神是通过体育活动将这种精神内化为人的情感，并对人的行动做出指导，成为人的精神支撑。因此，体育教育的方式方法也需要进一步完善，可以在体育教育活动中激发大学生的学习热情，让大学生能够主动地去感悟生活。从目前的情况来看，体育精神主要是在体育活动中才得到体现，高校举办的运动会、社团活动等，都可以展现体育精神。但是体育活动并非展现体育精神的唯一途径。比如人们越来越依赖于即时通信工具，如QQ、微博、微信，大学生在虚拟空间中所花费的时间很多，可以更好地利用这些工具。比如建立体育专用微博，在微博中植入健康生活的理念，这种易于被学生接受的方式，可以更好地让大学生感受体育精神，而且这种做法有助于体育精神的内化。

（三）将体育精神培养纳入校园文化建设体系，形成长效工作机制

在我国，体育在整体教育中的地位是比较低的，很多家长受传统观念的影响，认为学生进行体育活动的目的就是锻炼身体，不是为了在体育方面取得什么成绩，更不会考虑体育对学生精神层面的影响。但是在西方国家，中产阶级家庭对于孩子的培养中，包

括体育锻炼,而且他们对于孩子的体育锻炼是有目的性的,希望通过体育锻炼促进孩子的竞争意识,使他们能够形成一种必胜的信心和勇气。与西方国家相比,我们在体育教育上缺乏精神层面的教育,过于重视体育的健康性能。大学是培养人才的地方,体育精神对于培养大学生拥有健康的心态、形成正确的校园文化都是有益的,但是体育精神是一个长效性的活动,不可能速成,需要学校在进行校园文化建设时将体育精神纳入校园文化建设中,将体育精神融入校园文化,形成人人讲体育精神的校园文化氛围。

(四)构建体育活动价值体系,彰显体育精神价值

体育精神是在大量的体育活动中得到体现的,体育精神的表现形式比较抽象,所以大学生在把握体育精神时需要注意进行区分。虽然很多学校都组织各种体育活动,但是在热闹的体育活动中,有时大学生并没有领会到体育活动的深层价值,所以大学生的体育精神要想得到提升很不容易。体育精神需要细化,将体育精神和体育活动结合起来,是一种比较可行的方式。我们常说的"重在参与"最早是由奥运会发起人顾拜旦提出的。这里的参与是指参与体育活动,有试试看、体验一下的意思,这种参与体现了对体育活动的主动探索性,在参与的过程中,发挥自我潜能。认为放弃参与,就是放弃发现自我的机会。体育精神注重的是参与,是体验,不是通过语言讲道理,而是体验后获得经验和道理。大学生本身是不同的个体,由于知识、经验的不同,对体育精神的领悟能力也有差异,所以,可以对体育精神进行细化,在此基础上形成体育活动价值体系,是十分有益的。

此外,体育比赛中的企业与俱乐部联盟本质上也对体育精神的培育有着促进作用,所以说,多元化的方式融入体育精神培育工作中,可以使体育精神更有活力。总之,大学生的日常生活和体育精神是密切联系的,体育精神是塑造大学生爱国爱家思想的重要力量,把高校的校园文化建设与体育精神的培育结合起来,是大学生发展的需要,也是"以人为本"思想的体现,而现在提倡大学生全面发展的理念,更需要将大学生的体育精神培养放在重要位置。

第二节 高校体育文化物质建设

校园体育文化是校园文化和体育文化的交叉,是指在学校这一特定环境里,全校师生在体育教学、课外锻炼、群体竞赛、场馆设施建设等活动中共同创造的物质财富和精神财富的总和。校园体育物质文化是人们通过感官可以感受到的一切物质性对象的总

和，是在高校体育发展过程中积累下来的外在物化形式的统称，它包含体育场馆、体育设施、体育器材、体育雕塑、体育宣传设施等。可以说校园体育物质文化建设是高等教育人才培养过程中的重要组成部分。

一、高校体育物质文化建设的现状

（一）体育经费的现状调查

体育经费可以说是高校体育文化最基本的物质保障。调查显示，目前多数高校的体育经费的划拨视具体需要而定，体育经费的使用主要是购买体育仪器和设备、维护和建设体育场地设施、添置体育服装器材和体育图书音像资料，春季运动会和冬季运动会的训练、比赛、奖励等。

（二）体育场地设施的现状调查

近年来，高等院校为了加快发展，纷纷加大各个学科的软件、硬件建设力度。体育场地设施作为高等院校校园环境建设的醒目亮点体现了学校办学的综合实力，各校领导越来越重视对体育场地设施的修建和改善。但是由于高校不断地扩大招生，使本来人均面积就少的体育场馆越来越不能满足体育教学和学生课外体育活动的需要。数据显示，"211"高校的体育场馆数量多、质量好，但是为了延长其使用寿命，许多高质量的体育场馆只能在校队训练或举办比赛时使用，不能作为日常教学用的场地。普通高校的体育场馆设施数量较多、质量较好，基本可以满足日常教学和学生课外活动的需要。独立学院和高职高专体育场馆现状较为类似，体育场馆数量较少，使用率却相对较高。这一方面显示出体育场馆数量难以满足其体育教学和课外活动的需要，另一方面说明持续地使用会加大体育场馆的耗损，学生和教工的满意度自然不会高。

（三）体育运动器材的现状调查

数据显示，多数"211"高校和普通高校的师生认为学校体育运动器材数量较多、质量较好且基本够用，独立学院体育器材的数量和质量稍好于高职高专，能够基本保证使用，但是质量较差，限制了教学和训练的质量。另据调查显示，各类高校的体育运动器材主要用来保证教学和训练的使用，并未向学生提供课外体育活动所需的器材，有的师生认为这样的管理并不合理。

（四）体育图书音像教材资料的现状调查

数据显示，"211"高校和普通高校的体育书刊资料基本能够保证教学和学生阅读的需要；独立学院的体育书刊资料质量一般，已不能满足大部分学生的需要；高职学校没有体育书刊资料室，体育书刊资料质量差，不能满足师生的需要。调查还显示，大部分高校的图书馆中体育专项书籍较少，且内容比较陈旧、阅读价值小，特别是独立学院和高职院校对体育图书资料的重视程度不高，资料不齐全、管理较落后，师生查阅体育资料较困难，给科研和教学带来极大的不便。

（五）体育宣传设施的现状调查

数据显示，四类高校基本都有宣传栏，可以发布包括体育消息在内的各类信息。例如，有"211"高校有象征体育精神的火炬雕像。这种代表体育的雕塑无声地传播着体育文化，使置身在校园中的个体时刻感受到体育精神的鼓舞。

二、高校体育物质文化存在的问题与不足

（一）体育物质文化发展不平衡

随着高等教育改革的不断深入，高校的各方面建设都需要大量的资金投入。但是，当前高校对校园体育物质文化的资金投入往往被推后或被忽略。而且，由于高校体育物质文化的发展水平还受到学校所在地的经济发展水平、城市的规模及学校的规模、层次等因素的制约，导致各级各类学校体育物质文化发展的不平衡。在部分经济较发达地区、一些高水平大学、一些新建或新迁校址大学，学校的体育物质文化发展较快，而部分经济落后地区、普通大学、独立学院和高职高专等学校，体育物质文化发展则相对滞后，表现为：体育场馆设施陈旧、体育器材、设施数量不足，体育宣传设施和体育图书资料较少等，满足不了基本的教学及各项群体活动的开展的需要。相比而言，"211"高校和普通高校用于体育工作的专项经费相对较多，体育硬件设施较好，教师和学生的满意度较高。而独立学院和高职高专在体育基础设施建设方面明显落后于"211"高校和普通高校，说明独立学院和高职高专没有充分重视体育物质文化建设在校园文化建设中的重要性。

（二）体育物质文化建设理念的偏失

我国一些高校虽然经济实力不及欧美发达国家高水平大学的程度，但是动辄花费几千万甚至几亿元建造高标准的大型体育场馆，挤占了学校有限的办学资金。还有许多高校只考虑体育场馆的竞技运动功能，而没有将教学、健身、娱乐的理念运用到体育场馆的建设和改造中，结果由于场馆建造标准太高、维护费用过高，只能限制进馆时间和人数，或者采用收取高额费用的办法进行补偿，造成高标准体育场馆的闲置浪费。

（三）高校扩招对体育物质文化建设的影响

近年来，我国高等教育大力倡导多种教育形式并存的形式，特别是加强独立学院和高职高专的教育投入力度，这无疑为我国高等教育事业的发展带来了新的机遇和挑战。一些学校易地重建或加强校园基本建设，规划和设计新的体育场馆设施，这无疑实现了校园体育物质文化建设跨越式的发展。但是大多数高校只能挤占有限的体育活动场地来满足扩招后的教学和生活用地，导致有限的体育活动场地满足不了日益壮大的学生团体的运动需求，给高校的体育课教学和其他体育活动的开展带来了诸多影响。新建体育场地设施由于涉及政策、征地、资金、工期等因素，短时间难以弥补扩招带来的供需矛盾，这种现象在独立学院和高职高专院校中表现得尤为明显。

三、高校体育物质文化发展策略

（一）改变观念，加大高校体育物质文化建设力度

各类高校应根据自身的实际情况加大校园体育物质文化建设的力度。这不仅仅是要加强体育硬件设施建设，而且还要挖掘硬件设施中蕴含的人文价值。体育场馆、塑像、宣传栏等物质载体本身就是一种文化现象，它凝聚着人类的智慧，体现着人类的价值观。这些外在物质实体所承载的文化内涵对学生的思想起到了良好的陶冶作用。而且，在进行校园体育文化建设时，应该坚持继承原则，不断创新和发展，吸纳中外体育物质文化的精华，体现出时代、民族的特点和教育的特色，使体育硬件设施建设不仅体现现代化、高科技的特点，更能成为弘扬民族和传统文化的载体。

（二）实现多元化发展，使社会效益与经济效益有机结合

学校应向广大师生员工提供大量充足的体育活动场地设施，以便使他们拥有健康的身体、旺盛的精力和良好的健身习惯，更好地投入到教学和学习中去。这样健康向上的学生毕业后，走向社会和工作岗位，不但会对社会做出更大的贡献，而且会提升高校的声誉，吸引更多的优秀人才到高校中来。在此基础上，在课余时间把闲置的体育场地通过有偿服务的方式面向社会开放，吸纳一部分资金用于维护和管理场地可以有效地缓解体育经费不足的压力，实现社会效益与经济效益相结合的目的。

经典范例：苏南新农村体育物质文化的建设研究分析

自中华人民共和国成立以来，各届国家领导人都十分重视我国农村的建设和发展。党的十六届五中全会做出了建设社会主义新农村的重大战略决策；十七届五中全会提出了加快社会主义新农村建设，构建农民幸福生活的美好家园。2014年中央农村工作会议首次提出"人的新农村"。2015年9月22日，习近平同志在访问美国西雅图进行讲

话时，用自己 40 年前在农村的经历，来表述经济改革开放和大发展的伟大成就，告知世人，中国的崛起，是从农民开始的。这些都说明了农村建设在我国现代化建设过程中的重要性。江苏苏南作为我国现代化建设的排头兵，已经领先全国，苏南人民在物质生活已经有了极大提高的基础上，毫无疑问，其对丰富精神文化生活的愿望和需求更加迫切。近年来，国家相继出台的一系列文化建设的政策措施，为文化建设创造了有利的环境条件，也为苏南新农村体育文化建设提供了良好的发展契机。

1. 案例背景

（1）苏南新农村行政村体育场地与设施情况

随着苏南新农村建设的不断推进，农民的生活方式已经发生了深刻的变化，城镇化的生活方式已经进入农村，农民也有了很多的业余时间，这为他们追求更高的精神生活提供了条件，而体育锻炼无疑是第一选择。据调查，目前苏南村民对体育场地设施满意率达到64.2%，不满意的仅有14.3%，没法说的为21.5%。就太仓而言，目前镇级文体活动中心建设率已达100%，中小学体育场建有率达到100%，高级中学体育馆建有率达到100%，学校体育设施向社会开放率≥80%，各级政府结合城区公共广场、大型绿地改造建设，增设全民健身活动场地设施，开设篮球、排球、广场舞、健步走、羽毛球、乒乓球、健身锤、扇子舞、门球、太极拳等项目的场所。这些场地设施不断完善，为新农村体育活动的开展提供了硬件支持。

（2）苏南新农村行政村场地设施利用情况

随着苏南经济和城镇化建设的不断发展，苏南新农村体育设施在政府的重视下，基本能够满足新农村村民的需要。各行政村均建成体育中心、健身房、健身公园等。作者对村民到健身公园锻炼的情况进行调查，了解健身公园使用情况；经常去的为42.2%，偶尔去的为28.3%，很少去的为20.8%，不去的为5.1%，不清楚的为3.6%。从村民去体育公园的频率来看，新农村体育公园的使用率还是比较高的。但调查还发现，有部分体育设施使用频率比较低，如健身房，主要是一些年轻人去得比较多一些，年长者基本不去，这与健身理念有一定的关系。

（3）苏南新农村行政村体育运动的场地设施维护情况

调查显示，苏南新农村行政村的体育场地设施维护情况很好占28.9%，一般占52.8%，基本无人维护占11.6%，不清楚占6.7%。从中可以看出，各行政村都安排专人对体育设施进行维护，对提高体育设施的寿命起到了积极作用，但维护的质量还不是很高。例如，我们对体育公园和健身步道的维护情况进行了专门调查，发现对于健身公园和健身步道维护的，不是专业体育维护部门，而是绿化维护单位，主要对公园和健身步道的绿化进行维护，没有专门对体育设施进行维护，有的体育设施损坏了以后，长年处于不能用的状态，主管部门也不管，造成了一定的坏影响，这方面应该引起有关部门的重视。

（4）苏南新农村体育经费来源情况

苏南新农村体育活动的经费来源主要有五个方面：上级政府支持、体育彩票、村委会自筹、民间集资、企业赞助。上级政府支持的经费主要用于体育场馆的建设，这是经费投入相对比较多的部门，对于体育器材的添加和体育设施的维护保养，也列入政府支持部分。从目前苏南新农村来看，体育彩票的收入用于增加体育设施的做法已经非常普遍，这对新农村体育设施的增加起到积极作用。村委会自筹经费主要用于村民参加各类体育比赛，还有就是体育设施的维护经费，部分也是村委会自己投入的。企业赞助的经费一般来说都是对于某项比赛进行专门资助，一般数量都比较少，但也有大型企业对于体育设施进行赞助，一般都是一次性的。民间集资情况相对较少，都是在迫不得已的情况下才出现，而且能主动参与集资的人员也是很少的。

2. 案例启示

苏南地区经济发达，新农村体育经费得到充分的保障，各级政府都能根据国家的要求，建起相应的体育设施，体育场地、场馆建设水平和覆盖率较高，体育设施的利用率较高，但体育设施的维护保养的情况没有得到充分的重视，损坏率较高，浪费了一定的体育经费，影响了新农村体育文化的进一步发展。

第三节　高校体育文化制度建设

一、高校体育文化制度建设的必要性

建设健康向上的高校体育文化，不仅是高校校园文化建设的需要，同时对提高大学生体育文化素质、身体素质，培养其终身体育思想，对促进体育和校园精神文明建设都具有积极的作用，是值得高校工作者探讨和研究的课题。近几年来，随着高校体育地位的逐步提高，高校校园体育文化建设也随着师生重视度的提高而有了长足的进步。高校开展了形式多样的体育文化活动，使学生的参与积极性有了很大提高，不仅促进了学生的身心健康，而且对培养学生的体育意识和运动能力起到了积极的作用。但是，在进步的同时也存在着一些问题和不足。由于独生子女在高校中的比例较高，有些人具有爱享受、怕付出的不良观念，在体育运动中碰到困难就畏惧不前，不敢克服困难。还有很多学生集体主义观念不强，只想个人，不愿参加集体活动，经常出现失败相互埋怨、与队友不和或消极参加运动的情况。

（一）高校体育管理中间环节薄弱

我国高等教育在宏观管理上制定了体育管理方针，也有相应的目标和评价机制，要求高等学校要努力构建学校体育与终身体育紧密衔接的课程体系，提高学生的体育意识、健身能力和欣赏水平，促进学生全面发展。但缺少相对具体的管理方法，体育的管理和执行权下放到各高校。我国普通高校体育管理组织结构存在的问题，主要在于学术管理和行政管理混淆不清、层级结构不够科学、基层组织形式单一、开放性较弱、与外界的交流渗透不足。

（二）高校体育对管理对象的要求缺少个性化

学校体育在国内已经步入正轨，但同时还存在着一些因素使得高校体育的发展受到不同程度的阻碍。当前大学体育教育存在学生体育兴趣不足的现象。许多高校体育运动只在少部分喜爱体育运动的学生中自觉进行，多数学生对体育课程的修学仅以修满体育学分为目标，或者将体育课看成繁重的文化课学习间放松休息的时间，体育运动没有成为高校学生的自觉行为。

（三）高校体育社团管理组织水平亟待提高

体育社团是大学校园中最活跃的学生社团，是高校学生社团的重要组成部分，对丰富学生的业余文化生活起到了很大作用。但是，高校体育社团在飞速增长和快速发展的同时，因其管理等相关知识缺乏，学校又没有进行必要的指导和培训，使其不可避免地存在着组织松散、管理水平低、发展目标不明确等各种各样的问题。

（四）高校内部体育管理效率低下，管理机制落后

高校内部体育管理体制机构缺乏灵活性，也缺乏与其他部门的协同性。我国大部分高校体育管理实行的是高校行政管理部门直接指挥为主，高校体育管理部门在一定范围内自我调节为辅的管理模式。这种模式较少考虑高校体育与社会体育的关系，也较少考虑高校体育管理与高校管理之间的联系和协同。学校体育场馆、器材管理也相对滞后。

（五）高校体育健康意识不足

随着我国国民体质健康检测工作的大规模开展，国民体质状况调查结果却不容乐观。大学生的体质状况远低于十年前，也低于国外同龄青年。目前，在我国学校中，年级越高学生的体育健身意识越淡薄，这不能不说是我国学校体育的失误和悲哀。所有这些均

提示我们，强化国民的体育健身意识和健康行为，强化学校体育的教育功能，开展全民健身活动是非常必要和可行的。

二、学校内部管理机制具体的建议

学校管理是一项复杂的系统工作，需要调动一切可以运用的资源，构建全方位的保障机制，保证体育管理的质量。

（一）树立"以健康第一"为主导的高校校园体育文化思想

学校体育工作者和管理者应该认识到建设校园体育文化是高校工作的重要组成部分，拓宽学生的体育文化视野，培养积极健康的体育精神。

（二）加强体育管理组织体系的建设

加强体育管理组织体系的建设应从两个方面予以考虑。一是建立起学校体育管理与外部环境的联合机制，主要包括与校外单位和校内非体育部门组成具有协调配合职能的组织机构，对高校体育工作从宏观上进行有效协调。二是建立结构合理、层次清晰、高效有序的高校体育管理执行机构，细化高校体育管理各组成部分，实现科学有序管理。

（三）充分发挥学生在校园体育文化中的主体作用

充分发挥学生在校园体育文化中的主体作用必须以学生为中心开展相应的体育文化活动。高校的体育活动应该保证体育活动项目多样化和体育活动生活化，根据学生的特点做到不同人群体育活动的差异化。

（四）积极开展高校体育竞赛活动

高校通过开设高水平的传统体育项目，形成有自己特色的体育传统，这样才能提高学校体育的影响力，适应21世纪高校的发展潮流。高校还要结合本校的实际状况，开展校内的体育竞赛活动，通过广大师生参与体育竞赛活动，极大地改善大学校园的体育文化环境。

（五）规范体育俱乐部的组织管理

高校应将体育俱乐部作为一项专项工作来组织。体育俱乐部的组建并不削弱体育课的基础地位，体育俱乐部应由学校管理人员、专业教师和学生共同管理和运行；体育俱乐部不能成为一个休闲娱乐组织，而是具有具体管理职责和任务的全校性官方组织，参加体育运动的学生和教师要有备案制度，相应的档案资料要作为师生的考评资料。

（六）提高高校体育设施的利用效率

高校应建立体育场馆和设施良好的经营和管理体系，必须对传统的封闭的经营方式进行改进，引进先进的管理模式及经营方式，并对社会实行有偿开放。学校应掌控体育场馆的经营模式，减少微观上的政策干预，调节有关部门之间的经济关系，调动体育场馆的管理人员的积极性，以此推动高校体育场馆的利用率以及服务水平。

三、高校体育管理的原则和方法

（一）高校体育管理的原则

根据学校体育工作的特点与规律，学校体育管理的基本原则分为整体性原则、周期性原则、有序性原则、规范性原则、教育性原则和有效性原则。

1. 整体性原则

学校体育管理的整体性原则包括两层含义。

（1）学校教育管理是一个有机的整体系统，它由若干个子系统组成，按工作任务可以分为智力教育管理、道德教育管理、体育教育管理等子系统。学校体育管理作为学校教育管理的子系统，首先应服从并服务于学校教育管理这个整体，处理好局部和全局的关系，使之与学校教育管理相适应，为培养德、智、体全面发展的一代新人做出应有的贡献。其次，学校的领导者、有关部门、组织与人员，也应该处理好全局与局部的关系，在抓学校教育管理的时候，将体育管理列入其中，使学校体育管理在学校教育管理中有相应的位置，并给予应有的重视和关心。

（2）学校体育管理作为学校教育管理的子系统，它自身又有一个由若干个更小的子系统组成的整体系统。就学校体育管理的内容，可以分为体育教学管理、课外体育活动管理、运动队训练管理、体育竞赛管理等子系统。这些子系统虽然各自管理对象的内容与特点不同，所采用的管理手段和方法也存在着区别，但它们之间又是相互联系、相互促进、相互制约的，并形成了学校体育管理的整体，为完成学校体育的总目标服务。

2. 周期性原则

学校育人活动的周期性特点和规律，决定了学校体育管理的周期性。学生从进入小学开始到获得一定的学历毕业走上社会，这是一个通过多少年教育培养的全周期。而小学、初中、高中、大学，各学段又相对独立为一个大周期；每一学段又是以年级来划分，每一个学年又构成学年度周期；每一学期构成学期周期；直至每一天、每一次课、每一次活动，形成最基本的教学和活动单元。这种周而复始、循环往复、不断提升的过程，决定了学校教育管理的周期性，也决定了学校体育管理的周期性。

学校体育管理的周期性，要求在设计、决策各级各类学校体育发展战略、学校体育目标、体育教学大纲、体育锻炼标准和体育合格标准等事关学校体育全局的事项时，有一个科学的、通盘的思路和架构，使不同学段之间、不同年级和学期之间，既互相衔接，又不断提高要求，以期达到理想的效果。学校体育管理的周期性，还要求实施学校体育的计划管理。计划管理是学校体育管理的极为重要的表现形式。计划的制订和执行，是学校体育质量的重要保证。可以这样说，没有计划，就不成其为管理，也就谈不上学校体育工作的质量。而计划的制订，又是以学校体育教育的周期性特点为依据的，如学校体育工作计划，就是以学年度和学期为时限的；体育教学计划，分为学年体育教学工作计划和学期体育教学工作计划；运动队训练计划，也是以学年度来划分训练周期的……

学校体育的周期性，还表现为学校体育工作和活动的季节性。由于我国四季分明，南北气候相差悬殊，因而在活动内容的安排上，总是考虑季节因素，因季节而异，如春季的校田径运动会、秋季的各种球类比赛、夏季的游泳、冬季南方的长跑活动和北方的冰雪运动，等等。

3. 有序性原则

管理是一种有序的活动，学校体育管理也不例外。学校体育工作是一项复杂的工作。其对象的广泛性、工作内容的多样性和任务的繁重性等特点，决定了学校体育管理工作的复杂性。贯彻学校体育管理的有序性原则，就能保证各项工作忙而不乱，井然有序地进行。学校体育管理的有序性，首先表现在学校体育管理系统是一种多层次的有序结构，学校主管体育工作的校长、体育卫生领导小组（体育运动委员会）、教务处（体卫处）和总务处、体育教研组（室、部）、体育教师、班主任。这种管理系统，反映了管理的层次性特征，形成决策层、管理层、执行层三个层次。不同层次应明确职责和分工，上级管下级，一级管一级，领导做领导的事，各层做各层的事。这样分层次的有序活动，能使管理产生最佳的综合整体效应。学校体育管理的有序性，还表现为管理过程的有序性。管理过程的三个基本环节，即计划、实施、检验，也反映了管理活动的有序性。不论是学校体育工作，还是体育课教学、课外体育活动、课余体育训练、体育竞赛，在实施管理时，都要按照这三个基本环节进行。如果违背了管理过程的有序性，就会造成工作杂乱无序，事倍功半，影响或削弱管理的效果。学校体育管理的有序性，还表现在处理学校体育的具体工作时，要分清主次、轻重、缓急。主要工作应始终抓住不放，以此带动全局；重点工作着力办，以保证重点任务的完成；急事急办或特办，以期短期内收到显著的成效。

4. 规范性原则

学校教育是一种有目的、有组织的活动。学校是在党的教育方针、国家有关教育的法律和法规的指导和约束下进行教育活动的。教育方针和法规，就是一种最具有约束力、最基本的规范和准则。作为学校教育组成部分的学校体育，同样也应受制于这种最基本的规范和准则。任何轻视、忽视、削弱、排斥学校体育的行为，都是对上述规范和准则的背离；同样，任何只顾体育成绩，不问、不抓德育与文化学习的行为，也是对上述规范和准则的背离。学校体育管理的规范性，要求学校体育建立必要的规章制度和工作规程。合理的规章制度和工作规程，既可保证学校体育管理者的正常的、稳定的工作秩序，又可使受管理者自觉地遵守，以维护和保证学校各类体育活动正常、合理地进行。学校体育管理的规范性，还要求学校有良好的校风和学风，以及良好的体育传统、风气和体育道德作风。校风和学风不仅对道德教育、智力教育有约束力和影响力，而且对体育教育也同样有约束力和影响力。良好的体育传统、风气和体育道德作风不仅从一个侧面反映出一所学校体育的质量、水平和体育的精神风貌，而且还在一定意义上反映出一所学校的教育质量和精神面貌的水平。

5. 教育性原则

学校体育是学校教育的重要组成部分，其本身就属于一种教育活动。学校教育决定了学校体育管理必须遵循教育性原则。搞好学校体育管理，就能更有效地增进学生身心健康，增强学生体质，使学生掌握体育基本知识，培养学生体育运动的能力和习惯，培养学生道德品质等诸方面的效果，全面地完成学校体育工作的基本任务。

学校体育管理，其本身也是一种教育。合理的体育管理制度、有效的管理措施、严格的管理要求等，对学生的体育行为和道德行为起到很好的规范作用，因而能发挥积极的教育效果。加强体育课教学的管理，不仅能更好地完成体育教学的任务，也能教育学生树立为"四化"锻炼身体的思想；搞好课外体育活动的管理，能增强学生集体主义精神；做好体育竞赛的管理，能使参加者树立公平竞争的思想，养成遵守规则、尊重对方、尊重裁判的习惯。因此，"管理也是教育""管理育人"的提法，是很有道理的。学校体育管理的教育学原则，还体现在学校体育管理者和体育教师的表率作用方面。学校体育管理者和体育教师在管理中严格要求、一丝不苟、以身作则、为人师表，其对学生的感召力和影响力是不可估量的。

6. 有效性原则

管理的目的是在实施管理过程中，合理地使用人力、财力、物力、时间、空间和信息，使之获得最佳的效益。体育管理的有效性以管理效率（或经济性）和效果作为评价的主要标准。管理效率是指人、财、物、时间、空间、信息的耗量与单位效果之比。讲管理效率，就是要用最少的人、财、物、时间、空间和信息获得最佳的效果。因而管理效率也可称作管理的经济性。贯彻有效性原则，还要求在实施学校体育管理时，对管理工作的效率和效果进行科学的评价。

上述各项原则是相互联系的有机整体，它们组成了学校体育管理的原则体系。贯彻这些原则，要在实际工作中，根据学校的具体情况和工作实际，合理而有机地加以运用并使之具体化。

（二）学校体育管理的方法

学校体育管理的一般方法有法律法、行政法、教育法、奖惩法等。

1. 法律法

学校体育管理的法律法是运用法律、法规对学校体育进行管理的方法，它又可称作法律法规法。由于法律与法规具有普遍性、规范性和强制性等特点，故在其适用范围内具有普遍的约束力。教育与体育的法律法规、学校体育的法规，是进行学校体育管理的法律、法规依据，它有利于维护学校体育管理秩序，调整各种管理关系，以促进学校体育事业的发展。

2. 行政法

学校体育管理的行政法，是运用行政组织的职能与手段，对学校体育实施管理的方法。由于行政法具有权威性、指令性、针对性和自上而下的纵向性等特点，能有效地发挥组织、指挥、控制、调节的作用，是一种常用的管理方法。

3. 教育法

学校体育管理的教育法是运用宣传教育的手段和形式，对学校体育进行管理的方法。教育法也可称作宣传教育法。教育法具有说理性、引导性、多样性、灵活性和表率性等特点，能使管理者和被管理者知其然，也知其所以然，启发自觉性和积极性，使管理制度和办法得以顺利地贯彻和推行，并使管理具有教育性意义。

4. 奖惩法

学校体育管理的奖惩法是表彰、奖励先进，批评或惩戒后进的激励办法，因而也可以称作激励法，是学校体育管理中常用的行之有效的方法，也符合体育是一种竞争性活动的特点。表彰、奖励是对集体和个人的体育工作和成绩进行肯定、褒扬的方法，能起到激励、示范和推动学校体育工作的积极效果。表彰和奖励，可分为精神奖和物质奖两类。物质奖的奖品或奖金应适当，并有教育意义。某些地方对优秀体育教师在工资待遇方面给予一定的晋升，也是可取的。批评和惩戒是对学校体育工作后进的集体或个人进行批评教育、惩罚处理的方法，能起到教育、告诫、鞭策的作用。实施本方法时，要求批评应实事求是，以理服人；惩戒应依据罚则实事求是，适度掌握，惩前毖后。

第六章 体育文化遗产的传承与保护

作为有着五千年历史的文明古国,中国的文化遗产资源异常丰富。幅员辽阔的国土上不仅遗存着许许多多有形的物质文化遗产,同时还拥有大量无形的非物质文化遗产。但是,随着全球化和现代化进程加快,人们的生活方式受到了前所未有的冲击,蕴含民族精神家园的非物质文化遗产已经消亡或正在从现代人的生活中消失。如何保持和弘扬独立的民族精神,保护和发展非物质文化遗产已成为必然的文化诉求。

第一节 文化遗传与体育文化遗产释义

传统体育文化属于非物质文化遗产,是中华民族创造的灿烂文化的一部分,是人类共同的骄傲。非物质文化和其他事物一样,都有产生、发展、辉煌、凋零和继承保护。"非物质文化遗产是不可再生资源,随着全球化趋势和现代化进程的加快,我国的文化生态正在发生巨大变化,文化遗产及其生存环境受到严重威胁。"

一、文化遗产中的我国传统体育文化概述

非物质传统文化遗产是全球性的对民族文化的维护和整理,包括中国在内的世界各个民族都非常重视自己民族传统文化的挖掘和梳理。联合国教科文组织给非物质文化遗产界定为:"非物质文化遗产是指被各群体、团体、有时为个人视为其文化遗产的各种实践、表演、表现形式、知识和技能及其有关的工具、实物、工艺品和文化场所。"非物质文化遗产的概念是比较宽泛的,人们对其内容、领域等在当前进行着多方面的研究。非物质体育文化是非物质文化的子文化,研究非物质体育文化对于当前我国的体育事业来说是很重要的工作之一,不论历史是如何发展的,但是本质的原则只有一个,那就是中国传统的文化不能舍弃和丢失,甚至是遗忘。2006年5月,国务院发布了第一批国家级非物质文化遗产名录,其中杂技和竞技类项目有17项,还有一些项目和我国传统体育文化有密切的关系,甚至从属于我国传统体育。比如秧歌、那达慕等。根据国务院2006年公布的第一批国家级非物质文化遗产的名录中选编的一部分与体育文化有关的非物质文化遗产依据类别分为民间舞蹈、杂技和民俗等类。我们的祖先为世界创造了灿

烂的文明,这些文明有的已泯灭在历史的星空中,有的我们还能深切地感受到。文化需要传承,需要继续,需要生生不息。古人说"苟日新,日日新,又日新",即是希望文化传承能够不断自我更新、不断发展。非物质文化遗产同文化遗产一样,承载着人类社会文明,是世界文化多样性的体现。要实现中华民族傲立于世界民族之林,就必须加强非物质文化遗产的保护与传承。

二、非物质体育文化遗产保护价值

(一)体育文化遗产保护的社会价值

每一个历史时期都有自己的使命,使命决定于当前历史的发展状况和状态。救助是源于主流文化的缺失、观念的单薄、意识的落后等;补正是源于异族文化的嫁娶。我们必须清醒地认识到当前流行的体育文化是以西方为主。我们必须把握历史必然阶段的文化交流与融合,必须清醒地认识到我国非物质体育文化保护的社会价值,这就注定是我们这一代体育人的历史使命。我国非物质体育文化遗产是民族的心理情结,是世世代代生息的土地上文化血脉的传承,是文化传播的基因。文化的国际交往有助于文化的交融和发展,但是有一个不变的原则就是以承传主流文化为前提。在2005年联合国教科文组织公布的第3批"人类口头和非物质遗产代表作"中,我国和蒙古国联合申报的"蒙古族长调民歌"入选。因此,非物质体育文化遗产可以成为国家之间文化交流与合作的桥梁、民族之间联系沟通的纽带。

(二)体育文化遗产保护的文化价值

"我国的55个少数民族因为各自的生活环境、文化发展程度、经济发展水平、气候气象的不同孕育出了不同特色的少数民族文化,体现了这些少数民族风里来雨里去的生产和生活中形成的特别能吃苦耐劳的文化传统。"非物质体育文化遗产是中华民族非物质文化的子文化,文化遗产虽然是历史尘封的记忆,但与过去的历史事件、历史阶段和历史人物紧密相关,是历史发展的物证,是文化遗存的活化石,对研究历史有着重要的价值。因此,非物质文化的保守价值是多元的,不同的地域散发着不同的文化气息。

非物质文化遗产是人类自己创造的,它的继承和保护依然要靠人类自身来维系。通过加强区域性保护、建立法制体系、形成自觉保护意识可对文化做最好的延承。

第二节 中国体育文化遗产的现状及发展趋势

体育文化遗产是我国非物质文化遗产的重要组成部分,它的发展保护也受到各界专家学者的重视。当前,对体育文化遗产的保护工作主要是由文化和旅游部、民委等部门在实施。在保护过程中存在不少问题,主要包括相关管理部门对体育非物质文化遗产保护重视不够,保护文化遗产的理念不清,缺少资金,缺少完善的保护措施等。

一、我国体育文化遗产保护的现状

(一)对保护工作的紧迫性认识不到位且意识淡薄

随着世界经济一体化和文化全球化的冲击和人们生活方式的改变,人们将更多的目光投向奥运会、亚运会。民族传统体育的发展在世界体育文化日益多元化的趋势下面临新的机遇和挑战,许多人包括体育工作者,都认识不到体育非物质文化遗产日益恶化、加速消亡的现实,更多地把主要精力放在了如何发展学校体育和竞技体育上,而很少有人关注民族传统体育,认识不到传统民间体育文化属于不可再生资源,缺乏民间体育文化保护的紧迫感、责任感和使命感。

(二)新的社会环境变迁对体育非物质文化遗产保护的影响

体育非物质文化遗产保护要求在对某一具体对象进行保护时,不能只顾及该事物本身,而必须连同与它的生命休戚与共的生态环境一起加以保护。体育非物质文化遗产大多产生于传统社会,流传于民间,尤其是较为封闭的少数民族地区。我国传统社会是以家族、村落、社区为基础环境的农业社会,随着现代经济文明的迅速发展,传统的农耕文化向现代农业、新型工业、旅游等现代文明方向发展,传统体育依赖的环境也在不断发展变化之中,社会经济的改善与变迁是不可逆转的。因此,部分传统体育非物质文化遗产在实际保护中受到重大影响,是体育非物质文化遗产保护中的重大难题。

(三)体育非物质文化遗产保护与商业利益的矛盾

任何事情都有其合理性,对传统体育文化等非物质文化遗产的商业开发不能横加指责,尤其是传统体育文化大多产于落后的民族地区与农村地区,对于群众来说,参与商业表演与经营是其改变落后面貌的重要途径,外界不能单纯以商业化的理由阻止群众为改善生计而做出的努力。在西部地区,还有相当一部分离土不离乡的人,他们同样需要提高自己的生活水平,人们不能简单地为了让他们保护世界文化的多样性、保护某种文化遗产的表现形式而固守清贫。在市场经济体制下,周边的社会生活大都被烙上了商品经济的烙印。在这种情形下,任何将保护传统文化与市场经济分离的想法在实践中都会变得异常艰难。当前,出现了把申报非物质文化遗产当作开发旅游或者兴办其他文化产业的手段的现象,而这些非物质文化遗产的本质是广大民众的生活方式,而一旦这种生活方式被当作谋取利润的商品时,它的性质就改变了。另一方面,在传统体育文化的传承和保护中最终还得依赖群众这一主体,必须在商业开发与传统体育文化保护中寻求一个平衡点。

二、中国体育遗产的可持续性发展

(一)吸收先进文化

我国民族传统体育在几千年的发展历程中掺杂着封建保守落后甚至是愚昧的思想,必须对其进行正确的分析、合理的选择和消化吸收。我国传统体育是在封建社会中走出来的,传统社会文化封闭的价值体系及其所构成的心理和价值观念,已经不适于现代文化的发展趋势。以个体经济为基础发展起来的安于现状、不求上进、狭隘自守的保守性与现代经济发展速度、生活理念、价值观念以及科学的社会发展观是格格不入的,所以必须加以批判地继承,发扬优秀成分,摒弃不科学的成分,借鉴现代体育科学的基本原理方法,使传统与现代相结合,只有开放、积极地接纳外来先进的文化,才能促进民族传统体育的发展。

华夏民族传统体育文化实际上是融合了许多古代民族传统体育文化而形成和发展起来的。汉唐盛世文化繁荣,体育活动丰富多彩,蹴鞠、马球运动等形式无论在规则,还是在内容上都较具先进性,这有多方面原因,而吸收西域文化是其中一个重要原因。西藏吐蕃王朝时期,松赞干布迎娶文成公主,从内地带去大量唐汉文化,包括体育文化,促进了藏族体育文化的发展。白族、纳西族较早接受汉民族传统体育文化影响,其民族体育文化发展较快。只有民族的,才是世界的,作为中华文化重要组成部分的中华民族传统体育,在经济全球化和体育全球化趋势的背景下,只有积极寻求可持续发展之路,使之既保持自身的民族特质,又汇入现代体育的共性,实现现代化发展,才能在新时代获得生存与发展。

(二)多渠道、多层次、多形式筹措资金

民族传统体育中,许多器械落后、不安全,要改善这些基本条件,使其朝着规范化、科学化的方向发展,首先要解决资金问题。国外在开发和保护传统体育文化时,采取了各种各样的手段和措施:一方面,加大政府投入,设立专项基金;另一方面,实施差别税率,鼓励社会资金投入到体育文化的开发和保护上来。

国外在传统体育文化开发与保护上的一系列较为完善的政策、法律和规范,对于起步阶段的我国传统体育文化的发展具有积极的借鉴作用。由于我国少数民族聚集区大多经济发展滞后,导致传统体育的物质载体基础薄弱,因此要促进民族传统体育的

发展，不能只靠国家投资，要采取多种投资形式，鼓励企业、个人和外商进行投资，开发民族传统体育，为民族传统体育的发展提供必要的设施、场馆，从而更好地贯彻全民健身计划。

（三）发展民族传统体育文化、旅游产业

多姿多彩的民族体育活动、色彩斑斓的民族体育服饰、体育用品及自然资源等形成了中华民族特有的民族传统体育文化旅游资源。来自世界各地的旅游者，带着不同的价值观、文化观对民族传统体育文化旅游产品进行认同、接受和批评等，促使民族体育文化产品的设计用意、内涵加以改进，有利于民族传统体育朝着产业化、市场化的方向发展，增强民族体育文化的竞争性，促进其全面发展。

总之，人类社会在不断的发展中，曾经创造了辉煌的文明，同时也给我们留下了丰厚的文化遗产。在这些文化遗产中，有的我们只能通过字里行间和古老的岩画、壁刻去体会；有的我们还能亲身体味它的伟大魅力；有的已经化为烟尘，永远不再为人知了……但是这些文化遗产都为我们人类的文明进步做出了或者还在做着贡献。珍惜、保护、传承文化遗产就是为了人类的明天有一个更好的发展。体育类文化遗产作为人类遗产中的重要组成部分，也具有同样不可替代的作用。保护和利用好非物质文化遗产，对于继承和发扬民族优秀文化传统、增进民族团结和维护国家统一、增强民族自信心和凝聚力、促进社会主义精神文明建设都具有重要而深远的意义。

第三节　中国体育文化遗产传承与保护的策略

民族传统体育是民族传统文化的典型代表，保护民族传统体育文化是社会和时代提出的要求。然而，随着工业化的发展以及追求利益思想的深入给体育文化带来了负面的影响，中国民族传统体育文化呈现出的逐渐消亡的局面给人们敲响了警钟，寻找其发展的有效途径已迫在眉睫。由于缺少组织和支持，研究水平参差不齐，保护与传承的方法、手段单一等，使得挖掘保护中投入大量的人力、物力、财力却没有或者是很少考虑非物质文化遗产持续传承、存在的根本动力等至为关键的问题。因此，挖掘整理、继承弘扬我们国家优秀的民族传统体育是一项十分紧迫的工作，也是一项十分艰巨的任务。

一、民族传统体育文化的保护形式

政府为开展传统体育文化的保护提供了政策依据，如《中华人民共和国体育法》第

十五条指出：国家鼓励、支持民族、民间传统体育项目的挖掘、整理和提高。但是对民族传统体育文化的保护还没有专门性的法律法规，面对当前民族传统体育文化所面临的困境，从中央政府到地方应建立起系统的保护政策与措施，实行"从整体到局部"严密的保护线。民族传统体育是中国人民劳动的产物，它来源于劳动实践、风俗习惯和日常生活等。在我国，许多民族关于历史文化的文字记载较晚，甚至有些民族根本没有形成自己系统的文字，那么用身体语言进行历史教育就成为民族文化传承的重要方式，而体育文化就是身体语言的重要形式。由此看来，保护好民族体育的继承人与代代传授的方法是保护民族传统体育文化的重要途径。

（一）开展全国性民族传统体育盛会

在第九届全国少数民族传统体育运动会上，共有十六个竞技项目，三大类表演项目展开角逐。它不仅成为我国民族传统体育文化展演的舞台，更成为我国各民族和谐团结、拼搏奋进的重要象征。1953年第一届少数民族传统体育项目运动会成功举办以来，越来越多的少数民族群众参与其中，越来越多的少数民族民间体育项目被纳入比赛中。从第八届全国少数民族传统运动会开始，取消金牌榜，前八名的选手可以在同一个领奖台上领奖，在这种和谐友谊的比赛理念影响下，没有人使用兴奋剂，这种亲和力使各民族团结在一起，和谐友好相处。这样民族传统体育项目不仅被很好地保护，而且通过比赛的角逐使项目本身趣味性增加，这对民族传统体育文化的发展和传承起到了推动作用。

（二）建立民族传统体育文化保护基地

国家为了保护原始的自然环境和濒临灭绝的动物建立起自然保护区，民族传统体育文化的保护工作可以吸取其宝贵经验，建立一系列传统体育文化保护基地，选拔优秀的继承人，开办民族传统体育教育班，培育民族传统体育文化的传承后代，改变民族体育项目后继无人的尴尬局面，形成民族传统体育资源开发和整理部门，发扬优秀传统体育文化，将其推向全国乃至全世界，使宝贵的文化得到发展。民族体育基地的建立也是非常有必要的，而且刻不容缓。

二、民族体育文化的发展与传承

文化迅速变迁的背景下，对民族传统体育的批判继承和对现代体育文化的选择性吸收，是中国民族传统体育文化形成本民族特色又被国际社会认同的必经之路。现在的社会，无论哪一种文化形态的发展和开发都是以经济的发展为前提的。在中国社会主义市场经济和社会各方对文化保护事业的大力支持下，现在的任务就是选择中国特色的社会主义道路，大力发展和保护珍贵的民族传统体育文化。

（一）发展电视媒体和网络信息等传播途径

电视与电脑的发展与普及给民族传统体育文化的发展提供了一条便捷而又广泛的道路。各具特色的传统体育通过一定的整理出现在荧屏上远比那些令人乏味的非黄金时段和重复播放的节目更吸引人们的眼球，通过这种方式让民族传统体育时事出现在人们的视野中，逐步走进人们的生活，加深人们对传统体育文化的了解与认识，同时能激起人民群众对传统体育文化保护的热情。中国职业篮球联赛、中国大学生篮球联赛、中国足球协会超级联赛等国内体育赛事，广受人们喜爱，其原因并不仅仅是比赛的激烈与精彩，中场休息时的表演类节目也深受人们的关注，这种关注也给中国传统体育提供了良好的发展契机。将表演类的民族传统体育项目与激烈的赛事一起呈现给观众，无论是坐在观众席还是电视电脑前的人们，都会感受到不一样的视觉冲击和激情体验。新兴媒体，如移动电视、数字广播、手机 APP、网络、数字电视等作为技术支撑体系下形成的媒体形态，能将信息覆盖到全国的各个角落，快捷地传递信息。不同地区、不同民族的观众同步观看赛事转播，交流自己的想法与心得，这是一种全新的突破。

（二）加强项目创新

一种文化要想发展离不开创新，中国民族传统体育文化的发展也不例外。在民族传统文化的传承过程中，创新是唯一途径，日本柔道、韩国跆拳道通过文化整合而走上奥运的先例给我们启迪和经验。相比较之下，中国传统体育项目的保护与发展则模仿较多、创新较少。第九届全国少数民族传统体育运动会取消了金银牌的争夺，改为等级评判一、二、三等奖，这就将具有竞争性和功利性特点的西方体育文化进行了创新，顺应了重视养生、重视人与自然和谐相处、重视天人合一的中国传统体育文化的核心思想。

（三）发挥学校和社会的教育功能

1. 民族传统体育文化的保护与传承必须重视和突出学校教育的作用

学校是社会有计划、有目的、有组织地培养人的专门场所，学校有专业的老师和丰富的体育设备，集前沿教学理论与教学内容为一体，是民族体育发展与传承的摇篮。经过专家的调查与研究，无论是中小学还是高校，民族传统体育都有作为教学内容的可行性，其发展空间较大。在学校中开展趣味性的传统体育项目，创编民族传统体育文化的教育读本，将民族传统体育文化渗透到教学活动中，逐步形成学校传统体育教育体系。中国民族传统体育的理论体系薄弱，可供参考的理论相对较少，许多研究理论与方法有待提升。学校有研究能力较强的专家学者，有基础理论丰富的学习团体，这是民族传统体育文化理论大幅度扩展的有利因素。学校教育为民族传统体育项目推向全国提供强大的智力支持。

2. 加强对民族传统体育文化的宣传力度，充分发挥社会教育功能

社区是社会教育功能发挥的基本单位，社区人群相对集中，居民价值取向易于整合。

充分利用社区宣传栏、体育广场等场所宣传民族传统体育文化的相关知识，让人们了解传统体育，参加民族传统体育项目。民族传统体育与全民健身相结合是实现民族传统体育发展的另一途径，《全民健身计划》深入实施，在全国范围内形成了一种前所未有的健身热潮，将民族传统体育中趣味性、表演性、健身性较强且易于开展的项目加以改造创新并与全民健身相结合，解决了全民健身场地、器材供应和无内容可练的困难。

（四）政府政策供给与资金投入

在民族传统体育文化保护与传承的过程中，政府应充分发挥主导地位：

1. 给予民族传统体育文化保护工作提供各种政策

（1）对外，政府应加强民族传统体育文化与奥林匹克文化的交流，奥林匹克文化为我国民族传统体育文化的发展提供了展现平台，为它的发展带来广阔空间。

（2）对内，政府应大力发展和拓展民族传统体育事业，保护民族传统体育文化存在的根基，开发民族传统体育资源，建立相应的管理部门，制定相应的政策条例，组织相应的研究团体，为民族传统体育文化的现代化转型提供智力支持。

（3）政府加强民族传统体育文化保护的立法工作。在人们的体育行为中只依靠道德的力量去规范，会导致一系列的问题出现，"球场暴力""黑哨"这些体育赛场上出现的问题就是因为体育领域内法律制度的不健全和人民法律意识的淡薄。体育事业中侵权行为也屡禁不止，比如比赛转播权、赛事商标的知识产权破坏等。这些问题亟待立法。

2. 政府应给予民族传统体育文化保护工作充足的资金投入

我国民族传统体育文化起源较早，而且受民族生活方式的影响导致民族传统体育项目种类繁杂、分布广泛而不均，这给民族传统体育文化的挖掘和保护带来很大的不便，如果没有政府的援助是不可能在民传保护中大有作为的。

（1）大力发展与民族传统体育相关的体育产业。旅游业发展前景一片光明，例如云南省旅游收入从2002年的200亿人民币到2004年的360亿人民币。彩票福利事业、体育商品产业、体育娱乐事业等的快速发展为民族传统体育文化的发展提供了良好的契机，将这些项目的收入投入到项目的创新与发展工作中减轻政府资金压力的同时，保证了民族传统体育文化的继承和发展。

（2）加强民族传统体育文化与现有商业文化的有机结合。民族传统体育项目具有较强的娱乐性，在居民区、商业区等地的娱乐区建立民族传统体育项目体验广场，使人放松的同时扩大了商品交易。在体育文化产业发展迅速的时代，政府应抓住时机，给予民族传统体育文化的发展市场充分的鼓励与支持,使具有民族特色的传统体育文化逐渐强大,走上国际舞台。

中国民族传统体育文化在面对西方体育文化的冲击下,保护工作变得紧张与迫切。民族传统体育项目的保护与发展是一项复杂而艰巨的任务,不能因为保护而限制了发展,发展才是民族传统体育文化的出路,而又不能因为发展丢失了民族传统体育文化所具有的中国内涵。在此种情况下,我国有必要集中一切可以集中的力量投入到民族传统体育文化的保护与传承工作中,无论是社会还是政府都有责任为此奉献自己的力量。当前我国民族传统体育文化的保护和传承工作还处于初级阶段,仍然受诸多不利因素的制约。要保持民族传统体育文化这种潜力资源的民族特性和时代性,应注意发挥学校的基础作用,协同政府、社会团体的呼应,为民族传统体育文化打造良好的发展与保护氛围。总之,民族传统体育文化的保护与传承工作是一项长期性的任务,培育民族精神、发扬传统文化中的优秀部分和精髓,珍视传统,才能形成我国的文化向心力。

第四节 高校体育文化与体育文化遗产的传承与保护

一、我国体育类非物质文化遗产保护的必要性

体育类非物质文化遗产作为人类文化遗产的重要组成部分,在人类文明的进化过程中起到了重要的推动作用。我们甚至可以从民族体育的发展的轨迹,看出人类文明不断进步、冲突、融合的痕迹。但是随着西方体育文化的不断强盛,世界上的民族体育活动都受到了或多或少的冲击。如何处理好西方体育和民族传统体育之间的关系以及民族传统的体育的保护和发展问题,成为摆在我们面前的一个棘手的问题。

(一)保护和传承非物质文化遗产是人类文明进程的必然要求

无论优秀的传统文化还是先进的现代文明都是人类健康成长的精神食粮。我国是一个历史悠久的文明古国,不仅有大量的物质文化遗产,而且有丰富的非物质文化遗产。保护这些非物质文化遗产,既是一个民族对历史的延续、智慧的张扬、情感的连接,也是扩展时代思想、提升社会格调、培养公众修养的有力途径。正如胡锦涛同志在致联合国教科文组织第28届世界遗产委员会会议的贺词中指出:"加强世界遗产保护已成为国际社会刻不容缓的任务。这是历史赋予我们的崇高责任,也是实现人类文明延续和可持续发展的必要要求。"

（二）保护非物质文化遗产是保证世界文化多样性的重要保障

文化在不同的时代和不同的地方具有各种不同的表现形式。这种表现形式的多样性就表现为人类各族群和各社会特征的独特性和多样性。未来的世界和平只能建立在文明体系多元并立的基础上，因为只有在多元化的基础上实现的和谐，才是真正的和谐；只有在东西方各国和各大文明体系独立自主和平等对话的前提下实现的一致性，才是真正符合人道的一致性。

保护世界各民族的传统文化，是世界各国的共识，也是各民族的普遍要求。正如联合国教科文组织指出的："尊重文化多样性，宽容、对话及合作是国际和平与安全的最佳保障之一"。

（三）保护非物质文化遗产是实现社会可持续发展的重要举措

可持续发展是当代世界各国普遍关注的问题，也是科学发展观的重要组成部分。自 20 世纪 80 年代起，国际社会便提出了"可持续发展"的概念。20 世纪 90 年代起，可持续发展问题成为联合国的重要议事日程，成为世界各国政要和学术界的共识。可持续发展就是要求我们要珍视过去、立足现在、思考未来，我们不可只顾及眼前的得失、局部的利害，而全不顾全盘局势。文化遗产给社会可持续发展提供发展的土壤和精神动力。

（四）保护非物质文化遗产是实现物质文明和精神文明协调发展的重要一环

物质文明和精神文明协调发展，才能有效保障人们的身心健康，才能促进人的全面发展。非物质文化遗产有许多内容属于精神文化的范畴，具有了解历史、教育后人、鼓舞人心、陶冶情操、净化灵魂的功能。精神文明为物质文明的创造提供精神动力，而物质文明为精神文明提供物质保障。传统体育文化作为精神文明中的生力军，对塑造社会形象、提高民族素质起着重要作用。

（五）保护非物质文化遗产有利于实现中华民族文化的复兴

非物质文化遗产保护是经济发展到一定程度后，民族文化面对外来文化侵蚀的一次自省和对自身文化价值的再发现，是对文化传统的回归和守护，是民族通过文化保护而实现民族精神延续的一种方式。我国文化曾经在世界文明史上扮演着重要的角色，但随着近代国力衰退，以及西方列强军事和文化的入侵，我国文化相比西方文化而言，处于弱势的地位。随着国家现代化的推进，民族的伟大复兴也悄然落在了我们这一代人肩上。保护民族文化遗产就是实现民族伟大复兴的任务之一。

（六）保护非物质文化遗产有利于各民族间文化的交流和创新

联合国教科文组织《世界文化多样性宣言》指出："文化多样性是交流、革新和创作的源泉，对人类来讲就像生物多样性对维持生物平衡那样必不可少。从这个意义上讲，文化多样性是人类的共同遗产，应当从当代人和子孙后代的利益考虑予以承认和肯定。"非物质文化遗产对保护世界文化的多样性具有重要的作用，同样对于保护国内各民族的特色文化起到重要的保障作用。我国是56个民族组成的大家庭，每一个民族都有自己特有的历史和文化。特别是一些有民族特色的传统赛会和体育项目俨然就是民族名片，保护和传承这些文化遗产，对于提高民族的自豪感和增进民族间的交流和了解都有重要的意义。

（七）保护非物质文化遗产有助于维护民族团结和国家统一

非物质文化遗产具有极强的凝聚力和向心力，是维系民族团结、国家统一的基础。各民族无论大小、无论其社会处于何种发展阶段，都一律平等。各民族应该相互尊重各自的文化，并相互理解和相互认同。体育作为一种无国界、跨民族的文化传播媒介，对于推进民族认同、民族和解、跨文化交流与互动起着不可替代的作用。

二、体育文化遗产的继承措施

非物质体育文化遗产犹如乱石中的金子，在疯长的荒草和堆弃的瓦砾中散发着历史的光芒，如果精心收拾，依然会整理出精神文化的瑰宝，如懒于梳理，就会埋没于匆忙的岁月。所以，非物质文化遗产的保护已是迫在眉睫的事情，我们应该坚持"非物质文化遗产保护的基本方针是贯彻'保护为主、抢救第一、合理利用、传承发展'的方针"。诚然，物质文化、制度文化和精神文化是文化的三大层次，而精神文化属于文化深层次，常被人们认为是文化的核心层次。核心精神的变化常常会引起多重的反应，会波及人们生活的很多领域。因此，如何继承和保护就显得格外重要。

（一）重点加强区域性保护为主

从非物质文化遗产的地域分布特征来看，不同的地区其文化遗产是不同的，而且不同的因素是多方面的。非文化遗产是一个地区历史积淀的结果，与本地区的民俗、习惯、风俗、信仰有很大关系。地区的差异本质上是文化的差异。我们强调非物质文化遗产的保护，首先是对地区文化的认同，这是一个最基本的认识。在此基础之上才有可能对非物质体育文化遗产进行继承和保护。

（二）文化延承是非物质体育文化遗产的根本

中国自古耳提面命、口传心授的文化由于广泛地公布于世人而造成了文化的大面积缺失。文化延承的主线在于青少年，为什么发达的地区极少珍贵的文化遗产，而大多数的文化遗产保留在少数民族地区和落后偏远的地区，原因之一是这些地方受到的现代西方文化的冲击较少。世界非物质体育文化的繁荣，最基本的还是继承和发扬光大。文化的延承是非物质文化遗产的生命线，是代代相传的基础。我们期待着有更多的人去走向民间、走向田野去整理失落太久的文明，那将是最大的文化延承。

（三）建立法制体系进行保护

我国的非物质文化遗产保护方面只有个别单项条例和地方性条例，尽管我国在2004年正式加入联合国《保护非物质文化遗产国际公约》，但我们还应该尽快建立自己的法律制度，从法律和制度的角度保护珍贵的非物质文化遗产资源。

（四）加强国民教育，形成自觉保护意识

"2004年8月28日第十届全国人民代表大会常务委员会第十一次会议通过的《保护非物质文化遗产公约》的第十四条强调'教育、宣传和能力培养'，通过向公众，尤其是向青年宣传和传播信息的教育计划，有关社区和群体的具体的教育和培训计划等途径使非物质文化遗产在社会中得到确认、尊重和弘扬。"教育是产生文化认同的动力。历史表明，经济全球化趋势与非物质体育文化遗产流失成正比，教育的保护应该是多条主线，不仅仅局限在学校教育上。这种教育要面向全社会，形成大家共同的认识，因为体育文化遗产具有不可复制性、不可再造性和民族特有性。

特色案例：辽宁省体育文化遗产价值研究

20世纪20年代张学良将军提倡体育强国强种，支持体育事业发展，使辽宁体育事业活跃起来，享誉国内乃至海内外。中华人民共和国成立后辽宁的体育事业有了长足的发展，辽宁成了名副其实的体育大省和体育强省。辽宁辉煌壮阔的体育发展历程留下了丰富的体育文化遗产，这是先人体育活动的记录和承载，是继承、传播和弘扬体育文化的重要形式，也是后人必需的文化营养和精神财富。然而，随着时间的流逝，人类的社会生活和生活方式发生了演变，许多体育文化遗产不断遭到破坏甚至消亡，一些传统体育项目不能得以流传，具有独特文化内涵的民族体育文化记忆正在逐步丧失。在我国经济飞速发展的今天，人们早已不再满足于衣食无忧的生存，更追求健康、愉悦、丰富的生活，因此研究与强调辽宁体育文化遗产的价值对于传承、保护和利用体育文化遗产具有重要意义。

1. 再现与传承辽宁体育文化的历史价值

（1）辽宁体育文化遗产是不同历史时期人类体育活动的真实再现

非物质体育文化遗产以其稗官野史的、口耳相传的、原态的文化形式，可以弥补官方记载和正史典籍的不足、遗漏或讳饰，有助于现代人更真实、更全面、更接近本原地去认识已逝的历史及文化。体育文化遗产与过去的历史事件、历史人物和体育发展阶段紧密相关，是体育发展史上的物证，是体育文化的活化石。辽宁体育文化遗产能够还原

辽宁不同历史时期的体育活动，是以往人类体育水平和体育发展脉络的真实再现，生动准确地反映了历史各个阶段民众的长期体育文化活动及其成果以及先民在征服自然、生产劳动、杀伐征战、宗教祭祀、健身娱乐等活动中创造演化出的许多带有地方特色和民族特色的体育形式，因而具有不容忽视的历史文化价值。

（2）辽宁体育文化遗产具有积淀和延续辽宁体育文化的传承作用

人类历史之所以不断向前发展，就是因为我们继承了前人留给我们的文化财富。文化的传承不是凭空的，要通过特定的载体得以实现。体育文化遗产是人民在长期的与自然抗争谋求生存、发展的过程中积累沉淀下来的文化精髓，深深地打上了民族的价值观念、思想意识、文化理念的烙印，饱含着独特的民族的文化基因。因其蕴含丰富的体育文化内涵，广纳体育文化的精华，并按照人类体育文化发展的这种需要而逐步发展完善，所以体育文化遗产成为联系昨天、今天和明天的桥梁和纽带。

2. 保护民族文化多样性的社会价值

西周思想家史伯说，"和实生物，同则不继。以它平它谓之和，故能丰长而物归之。"多样性，是自然界存在并发展的法则。正是文化的多样性，形成了不同国家间和不同文化背景的人群之间彼此相互沟通的冲动和基础。体育文化遗产受到历史环境政治经济的影响，具有本民族独有的基因，保护体育文化遗产，就是保护民族文化的多样性。文化为什么能够在不同的社会文化共同体之间传播？这就像水为什么会流动一样，需要两边的地势不相同。也就是说，差异性是文化传播的根本原因。文化的过程，其实就是某一社会文化共同体的文化丰富与自我超越的过程，是向自身注入新的生命力和新鲜血液的过程。

3. 积累与推动学术发展的研究价值

体育文化遗产作为历史上各个时期体育文化的精粹，是人类物质文明与精神文明发展的提炼和总结，是不同历史时期体育文化发展的优秀成果的集中体现。对这些优秀文化成果进行深入探讨与研究，有利于我们准确地把握人类体育文化发展的规律，从而推动体育科学的研究与进步。同时，体育文化遗产作为文化遗产的一部分并不是孤立存在的，其中体育场馆融合了建筑学，体育宣传融合了新闻学，体育文物收藏融合了考古学，体育非物质文化遗产更是集社会学、民族学、音乐、美术艺术等众多学科于一体，更多存留了当时人们的思想认识水平、审美情趣、生活情感态度、风俗信仰禁忌等社会历史文化内容，因此为其他领域的研究提供了新资料，从而推动了各个学科的学术发展与深入。体育文化遗产真实地再现了当时社会体育文化发展的状况，以其"原始记录"的真实性与可靠性在体育史上拥有无可比拟的信息资源优势和权威话语权，具有极高的史料价值，因此体育文化遗产是当代学者进行体育科学研究的重要理论基础和史实依据。

4. 审美和激发创新的艺术价值

遥望古罗马角斗场似的汉卿体育场，我们可以想象在20世纪二三十年代，以救亡和启蒙为现代体育的主要目标的指引下，辽宁青年在赛场上飒爽的英姿；观看抚顺满族秧歌表演我们可以推测早期先民们在这片白山黑水中狩猎骑射、抵抗外敌的朴素骠勇的生活实践；参与到本溪朝鲜族农乐舞当中我们更能体会劳动人民祈祝农业丰收、家宅安泰的愉悦。这些都是极具审美价值的艺术品。体育文化遗产在历史发展的长河中被披沙拣金地流传下来，就是因为它们是历史上各个时期体育文化的精华。因此体育文化遗产中有许多精美的艺术形式、无与伦比的艺术技巧、独一无二的艺术创造，能深深触动人类的感官，打动人类情感，震撼人类心灵。通过这些体育文化遗产中的艺术作品，我们仿佛可以真切地看到当时的历史状况、人的生存状态和生活风俗以及他们的思想与感情。

同时，体育文化遗产中本身就有大量的创作原型和素材，可以为新的文艺创作提供取之不竭的源泉，当代许多影视、小说、戏剧、舞蹈等优秀文艺作品就是从体育文化遗产中孕育而出的，这样很好地发挥了体育文化遗产的审美再造功能，充分利用了体育文化遗产的审美艺术价值。

5. 创新与拉动辽宁旅游业发展的经济价值

辽宁省是中华文明的发源地之一，也是近代开埠较早的地区，中华人民共和国成立后沈阳号称"东方鲁尔"，是中华人民共和国崛起的工业摇篮。辽宁是东北地区通往关内的交通要道，也是中国连接欧亚大陆桥重要门户，交通便利。深厚的历史积淀、独特的白山黑水、飞速发展的经济、优越的地理位置，使辽宁省成为东北亚旅游的重点区域。但是由于旅游整体宣传力度不够等原因，辽宁省的城市与其他旅游城市的名气上相比还有一定的差距，另外辽宁省各城市除大连以外给外界的印象中多是"重工业"的原始城市形象，旅游产品的文化品位和文化内涵不足，特色不突出，旅游产业的潜力尚未得到充分挖掘。

近年来，随着经济的发展，人们的消费观念和旅游观念也发生了变化，开始从自然风光游向文化之旅、专题之旅转变。2008年奥运会、2010亚运会在我国成功举办，国民对体育的关注度有了明显的提高，体育参与意识增强。2001年在沈阳举行的十强赛上，中国足球终于冲出亚洲拿到世界杯的入场券，辽宁沈阳作为中国足球的福地知名度显著提高。辽宁作为体育大省和体育强省应该抓住体育这张王牌，做好体育旅游市场。更值得注意的是，第十二届全运会在辽宁召开，给辽宁旅游市场带来发展的难得契机。辽宁具有众多有纪念意义的体育物质文化遗产和具有民族特色和美感的非物质文化遗产，文化内涵十分丰富，是极具价值的新型旅游资源，有助于拉动旅游业的发展。

第七章 高校体育文化实践研究

第一节 高校课外体育俱乐部与校园文化建设探究实践

高校课外体育俱乐部形式能够更好地帮助高校体育的开展，由于其能够更好地延伸学生的学习领域和范围，因此，可以说我国高校课外体育俱乐部能够更好地帮助学生进行体育知识的学习和提升自身的体育素养。正是基于这样的基本目标，我国的课外体育俱乐部活动需要不断提升自身的水平和价值，也就是其需要和校园文化相互衔接，这样才能够更好地发挥其作为学生进行体育知识学习和体育能力提升的重要课外平台。因此，本节主要就我国高校课外体育俱乐部的定义和内涵进行研究，然后针对其中的基本意义进行分析，最后就如何更好地将高校课外体育俱乐部和校园文化建设衔接进行研究，便于更好地提升我国大学生的身体素质。

我国高校正在积极构建有效的校园文化，在整个校园文化建设中，同样需要提升学生的身体素质。因此，就目前的校园文化来说，需要做的就是在构建整个校园文化的时候，必须进行有效的体育课程的开展，这样在我国当前正在进行的高校课外体育俱乐部就发挥了积极的作用，借助于这个模式能够更好地提升学生渗透素质，也能够更好地发挥体育的积极价值，正是基于这样的原因，我国高校课外体育俱乐部与高校校园文化的有效结合就成了目前比较重要的一个部分。本节就我国校园体育文化进行研究，希望能够更好地提升我国高校课外体育俱乐部与校园文化建设的有效性，进而不断提升我国大学生的身体素质。

一、校园体育文化的积极作用

在研究高校课外体育俱乐部与校园文化建设之前，需要明确的就是我国校园体育文化的内涵，只有在明确了基本的内涵和意义之后，才有价值进行相应的研究。因此，就我国校园体育文化来说，其主要的价值在于，其能够更好地提升学生的身体素质，而且在整个锻炼的过程中，能够更好地帮助学生进行有效的团队意识的培养。因此，可以说我国当前的校园体育文化能够更好地激发学生的学习兴趣和团队意识，这是我国当代大学生进行学习和生活的重要内容。而且，校园体育文化正是当代大学生正确价值观的组成部分，因此，在整个校园文化建设中体育文化的建设也是其中的一个重要环节，需要在构建校园文化的时候积极关注校园体育文化。总之，我国的校园体育文化，其有着极为重要的现实意义。因此，在整个校园文化建设中要提升校园体育文化建设的重要地位，需要更好地发挥我国高校体育文化建设的积极性，最终能更好地提升我国校园文化建设效率。

二、高校课外体育俱乐部形式

我国高校体育俱乐部的形式多数情况下是网络型的，能够更好地进行学生体育能力的拓展，更加方便学生进行体育活动，提升学生的学习兴趣。这个模式主要为了有效解决以下几个问题：首先，主要是为了解决在整个改革过程中不重视学生体育锻炼的思想，为了更好地提升学校对于体育锻炼的认识程度；其次，为了更好地解决我国体育教学中的长期锻炼和短期锻炼的问题，这是目前来看，我国体育俱乐部的重要意义；最后，对于体育俱乐部来说，其能够解决在整个学生训练和锻炼的过程中的拓展性，也就是在整个锻炼的过程中能够更好地帮助学生去进行体育锻炼。因此，对于我国高校课外体育俱乐部的形式来说，需要做的就是要进行有效的效率提升。对于我国的高校校外体育俱乐部的建设来说，其需要建立完善制度，促使整个体系能够更好地去适应学生的身体健康发展，这样才能够更好地帮助学生提升自身的素质。因此，我国高校课外体育俱乐部需要做的就是要进行有效的网络化教学，这样才能够更好地去适应高校体育的发展，也能够在发展中更好地提升学生的身体素质，这就是我国开展校外体育俱乐部的重要现实性和逻辑性原因。

三、高校课外体育俱乐部与校园文化建设的内在逻辑性

高校课外体育俱乐部是我国校园文化建设的重要载体和平台，通过有效的平台建设来提升校园文化的有效性，因此，其对于校园文化的落实有着极为重要的推动作用。校园文化建设是高校课外体育俱乐部的重要引领和指导，只有在整个校园文化建设的指导下才能够更好地进行高校课外体育俱乐部的建设，因此，可以说高校课外体育俱乐部与校园文化建设两者的建设和相互促进是十分重要的，而且也对我国当前大学生的身体素质的提升和思想文化的提升起到了至关重要的推动作用。

我国高校在进行校外体育俱乐部建设的时候，必须重视当前校园文化的建设，只有

将校园文化建设与其良好地结合起来，才能够更好地帮助学生进行学习和生活，同时也能够更好地提升学生的素质，因此，将高校课外体育俱乐部与校园文化建设良好结合，是高校体育建设的关键。

第二节　高校体育文化与校园文化的互动关系

体育文化作为校园文化的一个重要内容，在高校校园文化建设中具有提高师生身体素质、为校园文化注入新气象的作用。对于校园文化进行专项研究，能够培养高素质的学生和加强校园文化建设。本节将从体育文化与校园文化的互动关系为起点，分析探讨二者的概念特点以及实践策略，旨在更好地将体育文化与校园文化充分把握，从而推动其向更高更深层次的方面发展。

校园文化是学校在长期的教学实践中总结出的独特的有别于其他社会群体的一种团队意识。校园文化在育人方面起着较大的作用，它能够潜移默化地使学生具备良好的气质素养和精神品质。体育活动通过体育文化来塑造人的道德观念。校园文化与体育文化相结合，能够提高学生的体育文化素养、培养学生的体育精神，并以此为基础开展校园体育文化活动。

一、校园文化与体育文化的概念

校园文化是指以学生为主体，以课外活动为主要内容，存在于校园内的蕴含校园精神的一种群体文化。校园文化以其独特的文化氛围对广大师生产生着潜移默化的作用，良好的校园文化对于提高学生的综合素质、培养良好的道德观念、提高学生的审美能力等起着不可或缺的作用。良好的校园文化对于实现教育目标起着较为重要的作用。充满生机的校园文化以各种高雅的学术交流活动为支柱，以丰富的体育活动为骨肉，这样校园文化在发展中才会生动和积极向上。体育文化是高校校园文化建设中的重要环节，在学校生活中，体育文化是师生接触最为频繁、最有活力的一项文化。现代的体育文化发展迅速，丰富多彩的体育文化丰富了高校学生的课余活动，还营造了积极向上的校园氛围。体育文化的塑造有利于创建校园文化的丰富多彩性，改变传统校园的死板枯燥性，有利于发展校园文化的创造性。

二、高校体育文化与校园文化的互动关系

体育文化是校园文化组成的一部分，但其实体育文化是以校园文化为依托存在的，并不是直接存在于校园文化中的。校园文化处于社会文化之中，是社会文化的反映，也是体育文化与社会文化的传播媒介。校园文化通过多种途径将社会文化内化于其中，还通过校园活动向体育文化传达社会文化的价值取向。体育文化向社会文化进行信息反馈就需要通过校园文化来进行。拥有良好的校园氛围和环境对于学校课程目标的实现，改变学生的生活学习方式和良好作息习惯的养成都有非常重要的作用。高校中体育文化与学习的办学理念、校风校纪等内容有很大的关系，它的教育功能与校园文化有着紧密的关系。

（一）体育文化与校园文化具有相似的功能

校园文化多种多样、丰富多彩，能够满足学生大部分的娱乐、社交、学习等需求。学生从中得到丰富的情绪体验，在实践活动中提高审美能力，以此陶冶自己的性情，充实生活，升华人生的意蕴。体育文化中的体育活动是健康高尚的，具有进取、竞争、战胜困难和经受考验的特点，体育活动有助于培养学生不畏艰难、坚强勇敢、坚毅果敢的优良品质。精湛的技术与身体、精神美结合，能够激起高校学生各自独特的审美要求，从而引导学生提高审美，树立正确的审美观，还可以增强学生心理的自我调控能力，开阔学生的视野和思维，促使他们的心灵趋于纯净。

（二）校园文化对体育文化具有导向功能

高校体育文化存在于校园文化中，二者之间存在共同点，都以师生为主体、以校园为范围、以育人为目的。文化是时代的产物，它在一定程度上体现时代的特性，校园文化存在于社会文化中，通过各种方式和途径将社会文化纳入自身内容之中，是社会文化的反映，也是社会文化和体育文化间的传播媒介，向体育文化传达社会文化的要求与价值取向。校园文化还制约着高校体育文化的发展，对高校体育文化具有导向作用，是它的指导方针。现当代高校的校园文化正处于开放阶段，接收来自社会文化的各种思想理念，各种观念在高校校园中汇集发生碰撞，对体育文化的发展也有一定影响。由于社会文化纷繁复杂，其中也会存在一些消极有害的文化，这些文化不利于校园文化和体育文化的发展。体育文化作为校园文化的一部分，对校园文化具有反作用，在一定程度上会通过某些教育现象和问题向校园文化反馈这些不利信息，使校园文化对社会文化进行有目的的比较和评价，对体育文化进行更加优质的引导，因此在一定程度上，体育文化对于校园文化具有反馈作用。

（三）体育文化是校园文化的核心之一

体育文化是校园文化的核心之一，校园文化是体育文化的外部延伸。校园文化的本质就是培养学生，主要培养学生学习知识与技能、树立正确的三观、陶冶情操、提高审美能力等方面。体育文化是指体育知识、体育技能以及体育精神，体育文化对于培养学生的这些能力具有其他学科不可替代的作用。要促进高校学生思想和人格的成熟，让他们不只是从书本和课堂上获取知识，还能从良好的校园风气中获取其他有利于发展成长的知识。丰富多彩的校园文化能够给学生提供良好的成长环境、更多的学习机会来接受体育文化教育，为他们提供自我展示与实践的机会和条件，使他们提高文化素养。

（四）体育文化与校园文化具有相互推动的作用

校园文化的核心是校园精神文化，校园精神文化可以分为三种形态，一种是观念型，大致包括道德观念、价值观念、伦理观念、审美观念等多种思想观念；一种是素质型，是在长时间的实践过程中形成的具有校园特色的精神；还有一种是智能型，其主要目的是开发智力、增长知识。通过长时间的实践探究发现，体育文化对于校园文化具有推动作用。教师通过课堂这一传播媒介将体育方面的文化知识传授给学生，有利于培养学生的思维能力。教师利用自身的人格魅力，以正确的世界观、人生观和价值观潜移默化地感染学生，培养学生正确的审美观，促进学生综合素质的发展。体育文化是校园文化中的一部分，校园文化是体育文化存在与发展的大环境，对体育文化具有导向作用。校园文化的提升与发展也会带动体育文化的发展，从而为体育文化提供更广阔的范围与更优质的导向。

三、高校体育文化与校园文化的建设

校园文化建设需要将"三个面向"和培养全面发展的人作为体育文化建设的目标；校园文化建设必须把崇尚科学作为体育文化建设的宗旨；校园文化建设必须把发挥师生的创造力和想象力作为体育文化建设的动力；校园文化建设把制定规则作为体育文化建设的核心。不论是校园文化建设还是体育文化建设都离不开师生的努力。

体育从广义上看是人们与社会、自然界、个体三者之间的竞争，从狭义上讲是个体之间关乎智力和体力上的较量。将体育竞争的观念融入课堂学习中，一定会激发学生学习的热情和学生积极进取的心情，能够促进社会的进步与发展社会主义现代化。在校园文化建设中要使学生认识到体育文化是一种精神产物而不是物质产物，并且体育文化要在校园文化的建设中力求有效性的最大化，这在一定程度上促进了体育文化不断自我更新整理。

校园文化的形成离不开学生的参与，当学校里的新理念被全体成员赞同并且接受的时候，才能内化为每一位成员的思想，才能形成群体的行为，逐渐成为校园文化。在校园文化与体育文化互动的时候，学生就是连接两者的媒介，在它们之间传递各种信息，并通过自己的行为表现出来。

综上所述，体育文化不仅是校园文化的重要组成部分，还在校园文化中起着不可替代的重要角色。它与校园文化存在多种相同之处，它的建设方向和工作形式与校园文化都有着不可磨灭的关系。因此，要在体育文化的推动下培养学生树立正确的世界观、人生观、价值观，为社会的进一步发展培养人才。

第三节 基于体育文化视角的高校体育课程考试改革

本节通过对当前高校体育考试现状的研究，揭示其在培养学生身体素质、提高学生体育文化修养等方面存在的问题，同时结合学生成长发展规律及成功经验的综合分析，提出基于体育文化培养的高等学校体育课考试改革实践与模式构建策略。

一、传统体育考试现状

（一）传统体育考试内容

通常来讲，高校体育考试大概要考以下几点：运动技术、运动理论、身体素质等，所有项目的考试都有严格的规范。由于不同学生的实际情况不相同，每个人的运动能力、身体素质以及对相关技术的学习能力都是有着很大差别的。以往的考核不够灵活，过于僵硬，没有考虑到学生的实际情况，这就导致体育考试反而会给一些学生带来不好的影响。有些学生运动天赋不佳，很难通过相关考试，这些学生面临着很大的心理上的压力，可能出现自卑的情绪，严重者甚至会对体育课感到厌烦，这就违背了体育课考试的初衷，同时也不利于体育文化的发展。

（二）传统体育考试方法

现如今，高校体育课考试通常是将教师视为核心，学生被动地接受考核，考试方法缺乏多样性，打分标准有的时候过于僵硬。而且只凭借一次考试的成绩来给学生整个学期进行打分是有失公允的，缺乏客观性。

二、体育文化视角下的高校体育课考试改革方向

（一）考试内容尽可能多样化

如前文所述，传统的考试内容通常比较单一、僵化。随着社会的发展及体育的兴盛，这种考试方法已经不再适用于当今的高校学子。为更好地将体育文化进行推广和深化，有些高校正在尝试进行多样化的体育考核。例如，将平时成绩算作期末成绩的一部分，给学生更多的表现机会。这里说的平时成绩指的是考勤成绩、课堂表现以及课堂测试这三项内容；而实际的考试则有技术以及素质这两大项。笔者在这方面有着非常丰富的经验，并建议高校应该扩宽体育课所涵盖的内容，比如说，目前大部分学校的体育课都是以球类为主，而学校应该对体育内容进行丰富。比如说，增添体育舞蹈、健美操、武术等，学生有权利挑选自己感兴趣的体育课程和教师，这样可以很好地激发学生对于体育课的学习热情，在学生对体育课有了兴趣之后，学习的效果就会有很大的提升，不但成绩会有进步，对体育运动的爱好程度也会随之得到明显增强。

（二）个人考核向团队考核转变

如今，很多高校都开设了健美操以及太极拳体育课程，通常来说这两门课的考试形式为让各个学生将之前学到的东西实际地练一遍，教师根据学生演练的情况进行打分。而笔者认为，如果想要更加合理且客观地进行考核，最好选用团队考核的方法，也就是让几个学生组建一个团队，教师对团队的整体表现进行打分。这个方法可以很好地加强学生的责任心以及团结协作的能力，学生可以从中得到很大的收益。团队考核的形式不光能够更全面地对学生进行考核，而且还减少了教师的工作量，可谓是一举多得。

（三）统一标准向鼓励进步转变

大学生体育课程是学生体育文化素养培养的重要途径，但由于每一个学生的实际情况都不相同，就算在课堂上接受了相同的教育，不同的学生对于技巧的掌握效率和效果也有一定的差距，故而对体育综合素质的养成效果也大有不同。正因为如此高校体育考试需要进行改革，应该更加柔和与灵活。笔者认为，不同学生的实际状况不相同，教师需要对学生的实际状况有所了解，之后进行有针对性的教学。这样教师就能够更有效地完成教学工作，体育综合素养也能够更好地得到提升，对体育文化的建设而言，也是有着重要的辅助作用的。

（四）考试方法由单一闭合式向开放互动探研式转变

传统体育课考试一般采用单一闭合式方法为主，即学生考试、教师打分。而开放互

动式的方法，是让学生参与到教师的考试评分中，进而让学生了解评分标准，学生之间相互评分，学生与学生互动，学生与教师互动。

笔者在健美操考核时尝试开放互动式的方法，学生通过考试评分了解了健美操套路考试的评分要求与规则，同时使学生探研健美操套路的组成与动作编排，这既提高了学生的学习兴趣，又形成了教学内容与考试方法的良性互动关系。由于学生参与了考试评分，多人制评分对学生成绩相对公正公平，同时也培养了学生诚实做人、诚信办事的基本道德，这对学生体育品德的培养也是大有帮助的。

综上所述，若想切实地做好体育文化的推进以及深化工作，体育教师就需要不断地激发学生对于体育运动的兴趣与热情，要在这方面进行相应的引导，帮助学生更好地成长。教师需要因材施教，让每一个学生都能够感受到体育教学带来的乐趣。而教师需要通过体育考试对学生的学习质量进行检查，这对于加强学生的运动能力可以起到很好的作用，学生可以借此更好地成长，塑造健康的体魄。

参考文献

[1] 宋雪莹.国际体育交流对开拓新中国外交局面的影响和作用[J].天津体育学院学报，2002(03)：73.

[2] 周庆杰.中国外交与对外体育交往[J].外交学院学报，2003(03)：52-57.

[3] 黄文仁.全球化背景下我国体育文化发展问题的理论思考[J]北京体育大学学报，2005(07)：882-884.

[4] 黎冬梅，肖锋.试论体育文化的特征[J].山西师大体育学院学报，2004(03)：12-15.

[5] 马悦.论我国体育外交的作用与影响[D].长春：东北师范大学，2007.

[6] 王昊.论中华人民共和国的体育外交[D].北京：外交学院，2006.

[7] 钟建春.全球化背景下我国体育传媒的应对策略研究[J].南京体育学院学报，2008(04)：70-73.

[8] 姜南.北京奥运会对中国体育产业的影响[J].山西师大体育学院学报，2008(A2)：25-26.

[9] 郭超，陆艳婕.中国运动员对外交流意义浅释[J].现代企业教育，2007(12)：113-114.

[10] 卢元镇.中国体育文化纵横谈[M].北京：北京体育大学出版社，2005.

[11] 孟凡强.在文化的全球化趋势中审视中国传统体育文化的发展[J].武术科学(《搏击》)(学术版)，2004(2)：33-36.

[12] 张力，张大志.全球化悖论与民族传统体育文化的重建[J].武术科学(《搏击》)(学术版)，2005(08)：54-57.

[13] 张选惠.民族传统体育概论[M].北京：人民体育出版社，2006.

[14] 世界银行《中国高等教育改革》编写组.中国高等教育改革[M].教育部财务司组织译.北京：中国财政经济出版社，1998.

[15] 克特•W.巴克.社会心理学[M].南开大学社会学系译.天津：南开大学出版社，1986.

[16] 张进才. 体育文化基本概念辨析 [J]. 体育与科学，2003（06）：32-33+36.

[17] 王安平. 甘肃高校校园体育文化建设与发展对策 [J]. 兰州学刊，2008（05）：203-204.

[18] 张翀. 浅析校园体育文化建设的重要作用 [J]. 科技咨讯，2008（08）：224-225.

[19] 吴洁. 我国高校校园体育文化建设探析 [J]. 理论与实践，2008（06）：87-89.

[20] 薛勇闯. 从生态哲学视角下探讨高校体育文化建设 [J]. 体育科技文献通报，2008（01）：94-95，98.

[21] 郭鸿鹏. 高校校园体育文化的内涵、功能与价值取向 [J]. 边疆经济与文化，2008（05）：141-142.

[22] 黄璐. 高校体育工作改革探索 [J]. 体育文化导刊，2011（11）：86-89.

[23] 黄璐. 高校体育工作改革的校本化探索 [J]. 浙江体育科学，2011，33（06）：61-67.

[24] 范旭东. 开展运动健康促进教育介入实证研究的可行性考量 [J]. 体育成人教育学，2013（05）：42-44，53.